Das Ende vom Lied?

Zum Einfluss der Digitalisierung auf die internationale Musikindustrie

von Tobias Bauckhage

Tobias Bauckhage

DAS ENDE VOM LIED?

Zum Einfluss der Digitalisierung auf die internationale Musikindustrie

ibidem-Verlag
Stuttgart

Die Deutsche Bibliothek - CIP-Einheitsaufnahme:

Ein Titeldatensatz für diese Publikation ist bei
Der Deutschen Bibliothek erhältlich

Gedruckt auf alterungsbeständigem, säurefreien Papier
Printed on acid-free paper

ISBN: 3-89821-181-9
© *ibidem*-Verlag
Stuttgart 2002
Alle Rechte vorbehalten

Das Werk einschließlich aller seiner Teile ist urheberrechtlich geschützt. Jede Verwertung außerhalb der engen Grenzen des Urheberrechtsgesetzes ist ohne Zustimmung des Verlages unzulässig und strafbar. Dies gilt insbesondere für Vervielfältigungen, Übersetzungen, Mikroverfilmungen und elektronische Speicherformen sowie die Einspeicherung und Verarbeitung in elektronischen Systemen.

Printed in Germany

»Confronted with new technological developments,
we always tend to overestimate its short-term effects
and to underestimate its long-term effects.«

(Jaron Lanier)

Vorwort

Es ist viel und leidenschaftlich über das unautorisierte Kopieren von digitaler Musik diskutiert worden: die Vertreter der Musikindustrie beschwören den Untergang ihrer Branche und sogar das Ende vom Lied, ihre Kritiker begrüßen das Internet als den vermeintlichen Wegbereiter zur totalen Autonomie der freien und entkommerzialisierten Musik. Zwischen diesen beiden Extremen liegen Welten. Gemeinsam ist beiden jedoch die Einsicht, dass das Internet und die fortschreitende Digitalisierung einen nachhaltigen Einfluss auf die internationale Musikindustrie haben werden. Wie genau dieser Einfluss beschaffen ist, und wie die Industriestruktur am Ende aussehen wird, darüber gibt es zwar viele wilde Spekulationen, fundierte industrieökonomische Analysen aber gibt es dazu nicht. Ökonomisch gesehen befindet sich der Markt für Musik aktuell in einem Ungleichgewicht. Und um den Zukunftszustand dieser Industrie erahnen zu können, muss man die wirkenden Kräfte sorgfältig analysieren. Das ist das Ziel dieses Buches.

Von der Nachfrageseite her betrachtet kennzeichnet sich die aktuelle Situation der Musikindustrie durch zwei Merkmale: erstens haben die Umsätze der Musikindustrie in den letzten Jahren deutlich abgenommen und zweitens hat gleichzeitig das unautorisierte Kopieren digitaler Musik über das Internet und mit bespielbaren CD-Rohlingen beachtlich zugenommen. Oder wie Dieter Gorny, Vorstandsvorsitzender des Musiksenders Viva, die Situation kürzlich zusammenfasste: »Es wurden noch nie so viele CDs verkauft wie im Jahr 2001. Das Problem ist nur: weniger als die Hälfte davon ist bespielt!«. Ökonomisch stellt sich die Frage, ob es zwischen diesen beiden Beobachtungen überhaupt einen Zusammenhang gibt. Vertreter der Musikindustrie behaupten, unautorisierte Musikkopien würden die Nachfrage nach autorisierter Musik verdrängen und seien der Grund für die aktuelle Umsatzkrise: Musikkopien seien also Substitute für Musikkäufe. Ihre Gegner argumentieren, dass Musikkopien im Gegenteil das Interesse an Musik vergrößern und den Konsum von autorisierter Musik damit verstärken würden – sozusagen als Komplementärgüter. Auch in der Mikroökonomie gibt es dazu verschiedene Meinungen, die an dieser Stelle untersucht werden sollen.

Auf der Angebotseite ist insbesondere interessant, wie die Unternehmen auf die Chancen und Risiken der Digitalisierung reagieren werden. Alle Beteiligten sind sich einig, dass sich die Industrie im Angesicht von Digitalisierung und veränderten Nachfragebedingungen wandeln muss und wird. Doch diesbezüglich hat sich in den letzten Jahren nicht viel verändert. Der CEO des Internetportals Yahoo, Terry Semel, sprach den stillen Konsens kürzlich aus: »Vor vier Jahren haben wir erstmals eine Veränderung des Kaufverhaltens für Musik beobachtet, und die Branche hat sich seitdem nicht bewegt«.

Tatsächlich werden das Internet und die Digitalisierung von den Plattenfirmen bisher mehrheitlich als Bedrohung angesehen und nicht als eine Innovation, die neue Wachstumschancen und –impulse in sich birgt. In diesem Buch werden einige Dimensionen die für die Zukunft der Musikindustrie von Bedeutung sind, untersucht und diskutiert.

Berlin, im Juli 2002

Inhalt

A. Grundlegung	11
I. Problemstellung	11
II. Begriffkennzeichnung	14
1. Digitalisierung	14
2. Informationsgüter	16
3. Entertainmentindustrie	17
4. Copyright	18
III. Abgrenzung zur bisherigen Reproduzierbarkeit	19
IV. Beispiel der Musikindustrie	22
1. Gründe für die besondere Situation der Musikindustrie	23
a. Neue Komprimierungstechnologien	23
b. Großes digitales Angebot	24
c. Hohe Internet-Affinität	26
d. Geringe Kosten des Konsums	26
2. Interessenskonflikt in der Musikindustrie	27
V. Gang der Untersuchung	28
B. Untersuchung der Musikwirtschaft	33
I. Einordnung der Analyse	34
II. Abgrenzung des betrachteten Marktes	34
III: Industrieökonomische Analyse der Musikwirtschaft	38
1. Rahmenbedingungen in der Musikwirtschaft	38
a. Nachfrage nach Musik	38
b. Angebot von Musik	50
2. Struktur der Musikwirtschaft	55
a. Konzentration des Marktes	56
b. Markteintrittsbarrieren	59
c. Produktdifferenzierung	61
d. Vertikale Integration	61
3. Marktverhalten in der Musikwirtschaft	62
4. Marktergebnis in der Musikwirtschaft	64

C. Ökonomische Theorie zum unautorisierten Kopieren   69
    I. Literaturüberblick zur ökonomischen Theorie   70
        1. Darstellung der grundsätzlichen Problematik   70
        2. Theorie die Indirect Appropriability   71
        3. Theorie der positiven Netzwerkeffekte   76
    II. Industriespezifische Ansätze zum optimalen Kopierschutz   87
        1. Das Zwei-Perioden-Zwei-Generationen-Modell   87
        2. Der Sampling-Effekt unautorisierter Kopien   94
    III. Fazit zum optimalen Kopierschutz in der Musikindustrie   96

D. Effekte der Digitalisierung auf die Industriestruktur   101
    I. Veränderte Rahmenbedingungen in der Musikwirtschaft   102
        1. Nachfrage nach digitaler Musik   102
        2. Angebot von digitaler Musik   104
    II. Veränderungen in der Struktur der Musikwirtschaft   108
        1. Konzentration des Marktes   108
        2. Markteintrittsbarrieren   110
        3. Produktdifferenzierung   114
        4. Vertikale Integration   115
    III. Veränderungen im Marktverhalten der Musikwirtschaft   119
    IV. Veränderungen im Marktergebnis der Musikwirtschaft   124

E. Ergebnis und Ausblick   131

Literaturverzeichnis   137

A. Grundlegung

I. Problemstellung

Obwohl die Euphorie über die Verbreitung des Internets, die *New Economy* und die damit verbundenen neuen Informationstechnologien gegenwärtig etwas gedämpft erscheint[1], besteht kein Zweifel daran, dass diese technischen Innovationen weitreichenden Einfluss auf die Zukunft unserer Wirtschaft und Gesellschaft nehmen werden. Wir befinden uns mitten in der Transformation von der Industriegesellschaft zur Informationsgesellschaft[2], in der sich nicht nur die Informationsströme und Geschäftsmodelle verändern sondern auch die Strukturen zahlreicher Industrien. Wegen ihrer besonderen Eigenschaften sind vor allem Informationsgüter von diesen Veränderungen durch die *Digitalisierung* betroffen. Eine der wichtigsten Industrien für Informationsgüter ist die *Entertainmentindustrie*.[3] An ihr lassen sich derzeit eine ganze Reihe fundamentaler Veränderungen beobachten.

Digitalisierungstechnik, Computernetzwerke und neue Kommunikationstechnologien verändern nachhaltig die Art, mit der Informationsgüter im allgemeinen und Entertainmentgüter im speziellen produziert, verteilt, kontrolliert, veröffentlicht und konsumiert werden. Sie heben deren räumliche und zeitliche Begrenzungen auf, so dass die meisten Informationsgüter heute nahezu ohne Einschränkung zu jeder Zeit und von jedem Ort über Computernetzwerke wie das Internet von vielen Personen gleichzeitig abrufbar sind. Sie sind zudem in ihrer digitalen Form nicht mehr eng an ein physisches Trägermedium gebunden und lassen sich zu marginalen Kosten ohne Qualitätsverlust reproduzieren.

---

[1] So titelte z.B. die *Wirtschaftswoche* bereits am 11. Januar 2001: „New Economy: Rette sich wer kann!" und leitete den dazu gehörigen Artikel ein mit: „Nach dem Absturz der High-Tech-Werte am Neuen Markt kämpft die New Economy ums Überleben..."; ähnliche Aussagen fanden sich auch auf den Titelbildern internationaler Wirtschaftsmagazine.

[2] Vgl. z.B. *Haefner (1984)*, S. 13

[3] Eine genaue Abgrenzung der Begriffe Entertainmentindustrie und Informationsgüter folgt im nächsten Abschnitt auf S. 4 f.

Während die Digitalisierung auf der einen Seite die Produktion und Distribution von Entertainmentgütern effizienter und effektiver gestaltet, und damit die Kosten der Produzenten senkt, bringt sie auf der anderen Seite die Nutzer dieser Güter in Konflikt mit den z.Zt. geltenden Gesetzen und Mechanismen zum Schutz der Urheberrechte.

Die Digitalisierung bedeutet für den (geistigen) Eigentümer eines Entertainmentgutes wirtschaftlich sowohl eine Chance wie auch eine Gefahr. Bisher sind Informationsgüter meist an physische, für den betreffenden Informationsinhalt typische Trägermedien gebunden, wie Bücher, Schallplatten, Zeichnungen, Landkarten etc.. Deren physische Form begrenzt qualitativ und quantitativ die Reproduzierbarkeit ihrer Inhalte.[4] So ist die Anzahl der Kopien, die ohne großen Qualitätsverlust von einem Original angefertigt werden kann, prinzipiell begrenzt; und außerdem sind Kopien grundsätzlich von geringerer Qualität als das Original. Die Bindung eines immateriellen Informationsgutes an ein materielles Trägermedium beschränkt also bisher generell das unautorisierte Kopieren auf ein für den Eigentümer tolerierbares, bzw. toleriertes Maß. Trotz ihrer Eigenschaften öffentlicher Güter[5], sind analoge Entertainmentgüter also wirtschaftlich verwertbar.

Die Digitalisierung stellt diese zentralen Bedingungen der wirtschaftlichen Verwertung in Frage. Sie hebt die Bindung des Informationsgutes an die materiellen Träger auf und schafft dessen generell bestehende, physikalisch bedingte Einschränkung ab. Dadurch erleichtert sie das unautorisierte Kopieren erheblich. Hinzu kommt die zunehmende Nutzung von Computernetzwerken, über die Informationsgüter in ihrer immateriellen digitalen Form unter marginalen Kosten verbreitet werden können. Als Folge dieser technischen Veränderungen kann die Digitalisierung für die Eigentümer des Entertainmentgutes (des Originals) daher vor allem deswegen eine wirtschaftliche Bedrohung darstellen, weil geistiges Eigentum zwar auch in Computernetzen durch das *Copyright* geschützt wird, die

---

[4] Insbesondere verschiedene Generationen von Kopien verlieren erheblich an Qualität.
[5] Diese speziellen Eigenschaften (Nicht-Rivalität und Nicht-Ausschließbarkeit im Konsum) werden im nächsten Abschnitt näher erläutert.

wirkungsvolle Durchsetzung der Urheberrechte jedoch angesichts der dezentralen und internationalen Beschaffenheit dieser Netzwerke und wegen des immensen Aufwandes für entsprechende Kontrollen äußerst schwierig ist.[6]

Von Seiten der Entertainmentindustrie wird daher behauptet, dass jegliche wirtschaftlichen Anreize, Entertainmentgüter zu produzieren, und damit die Existenz einer ganzen Industrie wegen dieses Effektes in Gefahr seien:

»For Publishers and authors, the question is, how many copies of the work will be sold (or licensed) if networks make possible planet-wide access ? Their nightmare is that the number is one.«[7]

Diese Sorge hat die Entertainmentindustrie dazu bewegt, einen strengeren Copyrightschutz und dessen härtere exekutive Durchsetzung zu fordern.

Ökonomisch stellt sich angesichts dieser Forderung aber die Frage, ob unautorisiertes Kopieren tatsächlich die Anzahl der verkauften Entertainmentgüter und damit das Umsatzpotenzial und die Gewinnmöglichkeiten der Hersteller verringert. Ob also die befürchteten ökonomischen Konsequenzen wirklich realistisch und plausibel sind, oder ob die positiven Konsequenzen der Digitalisierung nicht langfristig überwiegen könnten. Des weiteren muss man fragen, welcher Kopierschutz aus Sicht der Hersteller digitaler Informationsgüter optimal sein könnte und welchen langfristigen Nettoeffekt die Digitalisierung auf die Industrien für Informationsgüter hat. Schließlich sollte man sich kritisch fragen, ob nicht die Auswirkungen der neuen Technologien auf die Entertainmentindustrie allgemein überschätzt werden und ob sie überhaupt, wie vielfach behauptet, ihre Industriestruktur nachhaltig verändern werden.

---

[6] *Moglen (2001)* führt an, dass die Filesharing-Netzwerke der Zukunft technisch und organisatorisch so dezentral organisiert sein werden, dass sie nicht mehr rechtlich belangt werden können, juristische Maßnahmen gegen unautorisiertes Kopieren von Informationsgütern zukünftig also nicht mehr durchsetzbar sind ; Vgl. *Moglen (2001)*, S. 2.

[7] *National Research Council (2000)*, S. 2

Die vorliegende Untersuchung soll aus industrieökonomischer Sicht diesen Fragen nachgehen, und zwar am Beispiel der Musikindustrie, in der die Auswirkungen der Digitalisierung besonders weit fortgeschritten sind. Anhand dieser Industrie lassen sich mögliche Effekte der Digitalisierung auf unterschiedliche Akteure, Geschäftsfelder und Stufen der Wertschöpfungskette identifizieren. Erkennbare Kausalitäten lassen sich auf ihre Plausibilität prüfen, wodurch die teilweise vage und theoretische Diskussion zur Digitalisierung einen realen Bezug erhält. Zwar bleibt es fraglich, ob die Ergebnisse dieser Untersuchung auch auf andere Branchen der Entertainmentindustrie oder sogar auf Informationsgüter allgemein übertragbar sind. Der Einfluss der Digitalisierung auf die gesamte Entertainmentindustrie wird jedoch anhand des gewählten Beispiels insgesamt deutlicher und konkreter.

II. Begriffskennzeichnung

Im folgenden werden kurz die Begriffe erklärt, die in der beschriebenen Problemstellung eine wichtige Rolle spielen.

1. Digitalisierung

Digitalisierung im engeren Sinne bedeutet die Transformation von analogen Signalen in digitale Daten.[8] Digitale Informationen können von Computerprozessoren sowohl verarbeitet als auch über große Entfernungen in Netzwerken transportiert werden. Die einheitliche Verwendung der Digitaltechnik stellt eine gemeinsame Basis für den Datentransfer zwischen der Medien-, Telekommunikations- und Informationsbranche her, die allgemein auch als *Konvergenz der Medien* bezeichnet wird.[9] Neben Audio können auch Bilder einschließlich Bewegbild (Video) und z.B. Daten in Textform digitalisiert und digital gespeichert,

---

[8] Vgl. *Zerdick/Picot et al (1999)*, S. 140

[9] Vgl. *European Communication Council (1999)*, S. 130, der die Digitalisierung als technologische Triebfeder der Konvergenz von Informationstechnologie und Telekommunikation sieht. Zur digitalen Darstellung von Informationen siehe *Fahrion (1989)*, S. 8ff..

kopiert und verteilt werden. Die Digitaltechnik ermöglicht eine räumliche und zeitliche Entkopplung des Informationsaustausches.

Hier wird unter Digitalisierung das gemeinsame Auftreten von drei wesentlichen Antriebskräften (»Treibern«) verstanden, die eine besondere Bedeutung für die wirtschaftlichen Eigenschaften von Informationsgütern haben: Erstens die zunehmende Speicherung und Nutzung von Informationsgütern in digitaler Form[10], zweitens das schnelle und weltweite Wachstum von digitalen Netzwerken[11] und drittens die zunehmende Verbreitung des *Word Wide Web* (WWW).[12]

Diese drei Treiber verändern nachhaltig die ökonomischen Rahmenbedingungen für Informationsgüter. Die digitale Form erleichtert ihren Transport, macht sie universell einsetzbar und sichert die Reproduktion ohne Qualitätsverlust. Netzwerke ermöglichen den reibungslosen und schnellen Austausch von digitalisierten Informationsgütern und das World Wide Web macht die weltweiten Netze für jedermann über seinen Computer zugänglich.

Gemeinsam machen diese drei Treiber das Internet für Informationsgüter zu:
- einem Massenmedium zur Veröffentlichung,
- einem weltweit leistungsstarken Distributionsnetz und
- der größten Kopiermaschine der Welt[13]

Wenn im folgenden von digitalen Entertainmentgütern, digitaler Musik oder digitalen Informationsgütern die Rede ist, so sind also nicht nur die Informationsinhalte in ihrer digitalisierten Form gemeint, sondern sie sind im Zusammenhang mit den drei Treibern der Digitalisierung zu verstehen.

---

[10] Das entspricht der Digitalisierung im engeren Sinne.

[11] Hierzu gehören neben Computer- und Telekommunikationsnetzen aus Metalldraht oder Glasfasern in zunehmendem Maße auch Kabelnetze der Stromversorgung und sogenannte drahtlose („wireless") Kommunikationsnetze.

[12] Diese Begriffsdefinition ist vergleichbar mit der Darstellung im *National Research Council (2000)*, S. 28.

[13] Diese Bezeichnung findet sich beim *National Research Council (1999)*, S. 2.

2. Informationsgüter

Shapiro/Varian (1999) definieren Informationsgüter über ihre Digitalisierbarkeit.[14] Ein Informationsgut kann demnach alles sein, was digitalisiert werden kann. Als Beispiele nennen sie u.a. Bücher, Filme, Datenbanken, Sportergebnisse, Musik oder Aktienkurse. *Kuhlen (1995)* beschreibt Informationen als immaterielle Güter, die auf Dienstleistungen basieren.[15] Werden diese Informationen aber materialisiert, also an ein Trägermedium gekoppelt, so spricht er von Informationsprodukten.[16] Informationsgüter bzw. Informationsprodukte werden durch eine Reihe von Eigenschaften ausgezeichnet, die sie gegenüber herkömmlichen Gütern unterscheidet. Hier werden in Anlehnung an *Varian (1998)*[17] zwei Eigenschaften kurz vorgestellt, die für die weitere Untersuchung von Bedeutung sind.[18]

- **Kostenstruktur von Informationsgütern**
  Die Produktion von Informationsgütern verursacht hohe Fixkosten, aber nur sehr geringe Grenzkosten. Die Informationsgüter sind also teuer in der Produktion und billig in der Reproduktion. Diese Kostenstruktur führt zwangsläufig zu positiven Größeneffekten der Produktion, sogenannten *Economies of Scale*.

- **Ähnlichkeit zu Öffentlichen Gütern**
  Informationsgüter zeichnen sich wie öffentliche Güter durch die Nicht-Rivalität und die Nicht-Ausschließbarkeit im Konsum aus. Nicht-Rivalität bedeutet, dass der Konsum durch eine Person nicht die Verfügbarkeit des Gutes für andere Personen verringert. Nicht-Ausschließbarkeit bedeutet, dass Personen nicht vom Konsum des Gutes ausgeschlossen werden können. Durch die geringen Reproduktionskosten besteht bei der Nutzung

---

[14] Vgl. *Shapiro/Varian (1999)*, S. 3
[15] Vgl. *Kuhlen (1995)*, S. 83
[16] Ebenda, S. 84
[17] Vgl. *Varian (1998)*, S. 3ff.
[18] Für eine ausführliche Darstellung der einzelnen charakteristischen Merkmale von Informationsgütern siehe *Priest (1994)*.

von Informationsgütern in der Regel keine Rivalität. Die Ausschließbarkeit ist nur »künstlich« durch rechtliche Zusatzregelungen und deren Durchsetzung möglich.[19]

3. Entertainmentindustrie

Der Begriff der Entertainmentindustrie geht auf *Vogel (1998)* zurück.[20] Einleitend definiert er Entertainment im weiteren Sinne als:

»...anything that stimulates, encourages, or otherwise generates a condition of pleasurable diversion...«[21]

Die Entertainmentindustrie macht er hingegen an einer begrenzten Anzahl von Branchen fest, die er aufgrund ihrer ökonomischen Relevanz ausgewählt hat. Die Entertainmentindustrie im engeren Sinne besteht demnach aus den Branchen für medienabhängige Entertainmentgüter wie Filme, Radio- und Fernsehproduktionen, Musik, Zeitungen/Zeitschriften, Bücher, und Videospiele und für medienunabhängige Entertainmentgüter, wie Sportveranstaltungen, Freizeitparks und Glückspiele.[22]

Bemerkenswerterweise sind die meisten medienabhängigen Entertainmentgüter den Informationsgütern zuzuordnen – sie sind also in einem besonderen Maße von den Effekten der Digitalisierung betroffen. Unterteilt man die Informationsgüter in Konsum- und Investitionsgüter, so ist zu vermuten, dass ein großer Teil des wirtschaftlich relevanten Marktes für Informations-Konsumgüter durch die Entertainmentindustrie abgedeckt wird.[23] Das unterstreicht die Betroffenheit der Entertainmentindustrie angesichts der Digitalisierung und macht die Wahl des Oberbegriffs für den Untersuchungsgegenstand plausibel.

---

[19] Das Copyright stellt diesen künstlichen Schutz dar, Vgl. S. 7.

[20] Vgl. *Vogel (1998)*, S. 1ff., sowie S. 29

[21] Ebenda, S. xviii

[22] Ebenda, S. xix

[23] Das geht auch aus den zahlreich zitierten Veröffentlichungen der folgenden Kapitel hervor, die als Beispiele für betroffene Informationsgüter vorzugsweise Entertainmentgüter anführen.

4. Copyright

Tschmuck (2000) definiert Copyright als »das staatlich garantierte Recht, das dem Schöpfer eines intellektuellen Produkts sämtliche Verfügbarkeitsrechte über seine Schöpfung einräumt und damit ein Kopieren durch Dritte ohne ausdrückliche Erlaubnis des Schöpfers unmöglich machen soll.«[24] Für die vorliegende Untersuchung ist vor allem die ökonomische Bedeutung des Copyright und nicht seine juristische Auslegung interessant. Deshalb dient der Begriff auch insbesondere nicht als Abgrenzung des angloamerikanischen Rechtsgefüges, dem der europäische *Urheberrechtsschutz* gegenübersteht, sondern er wird als allgemeiner Begriff für diejenigen Schutzrechte verstanden, die den Zweck im Sinne der Definition von *Tschmuck (2000)* erfüllen.[25]

Demnach ist das Copyright die Grundvoraussetzung für die wirtschaftliche Verwertung von Informations- bzw. Entertainmentgütern. Zunächst stellt es ein Urheberschutzrecht für die Produktinnovation dar. Diese Funktion des Copyrights ist analog zum in der ökonomischen Literatur ausführlich diskutierten Patentschutz[26] und als Anreiz zur Produktion neuer Güter anzusehen. Es ist demnach also ein zeitlich beschränkt vergebenes Monopol und sorgt dafür, dass nur der Monopolist von der wirtschaftlichen Verwertung seiner Kreation profitiert. Auf der anderen Seite stellt das Copyright ein Ausschlussrecht vom Konsum dar. Das Copyright auf Informationsgüter sorgt dafür, dass diejenigen Personen vom Konsum ausgeschlossen werden, die nicht bereit sind, das verlangte Entgelt dafür zu zahlen. Verallgemeinert und vereinfacht lässt sich also formulieren, dass das Copyright ökonomisch gesehen dafür sorgt, dass aus einem wirtschaftlich nur schwer zu verwertenden Informationsgut mit den besonderen Eigenschaften eines öffentlichen Gutes ein handelbares Wirtschaftsgut

---

[24] Vgl. *Tschmuck (2000)*, S. 3

[25] Für eine ausführliche Darstellung der unterschiedlichen Rechtsgefüge, ihrer Unterschiede, Entwicklungs-geschichte und juristische Auslegung siehe *Watt (2000)*, S. 3ff; *Detering (2001)*, S. 28ff. und für eine spezielle Darstellung für die Musikindustrie: *Kulle (1998)*, S. 31ff.

[26] Vgl. u.a. *Gilbert/Shapiro (1990)*, *Klemperer (1990)* und *Lerner (1995)*

wird. Allerdings kommt es nicht nur auf die Existenz des Copyright an. So bemerken *Shapiro/Varian (1999)*:

»But the legal grant of exclusive rights to intellectual property via patents, copyright, and trademarks does not confer complete power to control information. There is still the issue of enforcement, a problem that has become even more important with the rise of digital technology and the Internet.«[27]

III. Abgrenzung zur bisherigen Reproduzierbarkeit

»For economic incentives to work appropriately, property rights must protect the rights of capital assets. [...] At present [...] severe economic damage [is being done] to the property rights of owners of copyrights in sound recordings and musical compositions [...] under present and emerging conditions, the industry simply has no out [...] Unless something meaningful is done to respond to the [...] problem, the industry itself is at risk.«[28]

(Alan Greenspan, 1983)

In der Geschichte der Entertainmentindustrie hat es immer wieder Innovationen gegeben, die wie die gegenwärtige Digitalisierung die unautorisierte Reproduzierbarkeit von geistigem Eigentum erleichtert und damit die Einnahmen der Eigentümer gefährdet haben. Jedes Mal, wenn so eine Innovation zu einer marktfähigen Technik oder zu einem erfolgversprechenden Geschäftsmodell wurde, forderte die betroffene Branche einen schärferen Urheberrechtsschutz, um das vermeintlich unabwendbare Ende der eigenen Industrie zu verhindern. Im England des 18. Jahrhunderts galt die erfolgreiche Einführung von Leihbüchereien als der Todesstoß für den nationalen Buchhandel.[29] Schon die erste Photokopier-Maschine der Firma *Xerox* 1959 wurde als Gefahr für das gesamte

---

[27] *Shapiro/Varian (1999)*, S. 4

[28] Alan Greenspan in seiner Aussage im Home Recording Act 1983, Anhörung vor dem Subkomitee für Patente, Copyrights und Trademarks am 25. Oktober 1983, zitiert nach *Liebowitz/Singer (2001)*, S. 2.

[29] Vgl. *Shapiro/Varian (1999)*, S. 94

Verlagswesen angesehen[30] und bei der Markteinführung von Videorekordern im Jahre 1975 beschwor man das Ende des Kinos.[31] In keinem dieser Fälle führte die betreffende Innovation zum Untergang der betroffenen Industrie. Im Gegenteil entstanden durch diese Innovationen neue Märkte und Absatzmöglichkeiten, die die klagenden Industrien in neue Wachstumsphasen versetzten.[32]

Und selbst Innovationen, die keine neue Blütezeit für den betroffenen Wirtschaftszweig initiierten, wie die bespielbaren Audiokassetten, auf die sich das vorangestellte Zitat von Alan Greenspan bezieht, schadeten der betroffenen Industrie nicht in dem Maße, wie dies allgemein zunächst befürchtet wurde. Greenspans scharfe Äußerung von 1983 wirkt aus heutiger Sicht deshalb etwas verwunderlich. Tatsächlich stiegen die Umsätze der Musikindustrie ohne eine deutliche Verschärfung des Copyright-Schutzes und unbeeindruckt von der Verbreitung der Audiokassette bis 1990 mehr oder weniger stetig um etwa 130 Prozent an.[33]

Diese Beispiele zeigen, dass die von einer neuen Kopiertechnologie ausgehende, empfundene Bedrohung nicht immer auch real eintreten muss. Vermutlich stellt sie zum einen lediglich eine übertriebene Reaktion auf unkontrollierbare Ängste vor Technologieentwicklungen dar, deren Auswirkungen noch nicht vorhersagbar sind. Zum anderen könnte sie als willkommener Anlass verstanden werden, die eigene Verhandlungsposition gegenüber dem Gesetzgeber argumentativ zu stärken, um Regulierungen zum eigenen Vorteil zu provozieren. Auch im aktuellen Fall der Digitalisierung stellt sich deshalb die Frage, ob die seitens der Industrie formulierten Befürchtungen begründet sind oder ob sich die neuen Kopiertechniken nicht sogar positiv auf die Märkte der Entertainmentindustrie auswirken könnten.

---

[30] Vgl. *Liebowitz (1985)*, S. 822f

[31] Vgl. *Shapiro/Varian (1999)*, S. 95 und für eine ausführliche Darstellung der Entwicklungen im privaten Markt für Videorekorder: Vgl. *Cusumano/Mylonadis/Rosenblum (1992)*, S. 51ff

[32] Heute machen Filmproduktionsfirmen in vielen Fällen z.B. mehr Umsatz mit Videokopien als mit Kinovorstellungen. Vgl. *Liebowitz/Singer (2001)*, S. 8

[33] Vgl. *Vogel (1994)*, S. 140

Im letzten Abschnitt wurde die Digitalisierung als die Summe von drei Treibern beschrieben. Insbesondere die Speicherung von Informationsgütern in digitalisierter Form ändert die Charaktereigenschaften ihrer Reproduktionen nachhaltig. Kein Qualitätsverlust unterscheidet die Kopie vom Original – und sogar die Kopie von der Kopie einer Kopie ist zum Original vollkommen identisch. Außerdem sinken die Kopierkosten im Vergleich zur analogen Reproduktion, da bisher benötigte, inhaltspezifische Trägermedien[34] und auf das analoge Format spezialisierte Kopiertechnik überflüssig werden.[35]

Das rapide Wachstum von Computer- und Kommunikationsnetzen ermöglicht weltweit eine schnelle und preiswerte Verbreitung der digitalen Reproduktionen. Die Distributionskosten von digitalen Informationsgütern nehmen in Computernetzen ab, da keine physische Trägermedien mehr benötigt werden, die den Transport erschweren und behindern, sondern Informationen in ihrer digitalen und immateriellen Form z.B. direkt über ein Computernetz transportiert werden können. Informationsgüter lassen sich also nicht nur schnell und preiswert beim Nutzer (vor Ort) kopieren, sondern auch zu marginalen Kosten in sehr kurzer Zeit weltweit verteilen.[36] Aus logistischer Sicht ist die zunehmende Anzahl der Internetnutzer bereits durch einen digitalen Distributionskanal nicht nur mit den Anbietern von Informationsgütern sondern auch untereinander (mit der Möglichkeit zur Weitergabe unautorisierter Kopien) eng verbunden.

Das WWW erleichtert den schnellen und billigen Zugang zu kopierfähigen Vorlagen.[37] Dieser Zugang ist bei bisherigen Kopierprozessen zumeist räumlich und zeitlich beschränkt gewesen: traditionell kann sich ein Nutzer z.B. in einer

---

[34] Z.B. Videokassetten oder Bücher

[35] Ganz ohne Trägermedien funktioniert die Reproduktion allerdings nicht. Die benötigten Trägermedien, wie z.B. Computerfestplatten sind jedoch für unterschiedliche Inhalte universell einsetzbar und im Vergleich zu inhaltspezifischen Trägermedien deutlich billiger.

[36] Abgesehen von sehr umfangreichen Dateien wie beispielsweise Filmen, deren Übertragungszeit sehr lange dauert und deshalb auch hohe Verbindungs- und Opportunitätskosten verursacht.

Bibliothek ein Buch mit der ihn interessierenden Information ausleihen, das er anschließend fotokopiert.[38] Mit Suchmaschinen und den komfortablen Verbindungen einzelner Internetseiten durch sogenannte *Links* macht das WWW das Aufspüren von kopierfähigen Vorlagen der gesuchten Informationen inzwischen wesentlich einfacher und zeitsparender. Die Suchkosten nehmen deutlich ab und die Reproduktion von Informationsgütern wird einer ständig wachsenden Zahl von Menschen erleichtert.

Die Digitalisierung hebt also nicht nur die bisher gültigen Einschränkungen bei der Nutzung von Informationsgütern und die qualitativen und quantitativen Limitierungen ihrer Reproduktion auf; sie eröffnet über diese Einzelnutzung hinausgehend zugleich durch Computernetzwerke und das WWW die nahezu unbegrenzte weltweite Distribution dieser Güter für die Nutzung und Reproduktion. Dies legt nahe, dass sich insbesondere auch die neuen Kopiertechniken sehr wohl von den bisher angeführten Fällen unterscheiden müssen. Die Digitalisierung vergrößert also die qualitative, quantitative und geographische Machbarkeit von Kopien (gleichgültig, ob es sich dabei nun um autorisierte oder unautorisierte Kopien handelt). Das bedeutet zugleich, dass die Einflussmöglichkeit, die der unautorisierten Reproduktion auf das Copyright und die Eigentümer geistigen Eigentums zuzuschreiben ist, durch die Digitalisierung tatsächlich um ein vielfaches verstärkt werden könnte. Diese Vermutung wird eingehender in Kapitel C der vorliegenden Arbeit untersucht.

IV. Beispiel der Musikindustrie

Dieses Buch widmet sich von jetzt an ausschließlich – und beispielhaft für die gesamte Entertainmentindustrie - der Musikwirtschaft, die bisher am stärksten von den Auswirkungen der Digitalisierung betroffen ist:

---

[37] Entweder ein Original oder eine kopierfähige Kopie.

[38] Er muss sich jedoch an die Öffnungszeiten und Leihbedingungen der Bibliothek halten, sich dorthin bemühen und hoffen, dass das gewünschte Buch überhaupt zugänglich und nicht ausgeliehen ist.

»Of all the content industries affected by the digital environment, the music industry has, for a variety of reasons, been thrown first into the maelstrom.«[39]

1. Gründe für die besondere Situation der Musikwirtschaft

Tatsächlich ist die Digitalisierung in den anderen Branchen der Entertainmentindustrie noch nicht so weit fortgeschritten. In Anlehnung an die Darstellung vom *National Research Council (2000)* lassen sich vier Gründe für diese besondere Stellung der Musikwirtschaft anführen[40]:

a. Neue Komprimierungstechnologien

Zunächst lassen sich Musikprodukte mit neuen Techniken so komprimieren, dass sie mit den heutigen Übertragungsraten in Computernetzwerken komfortabel gespeichert, verschickt, klanggerecht wiedergegeben und kopiert werden können, ohne merklich an Audioqualität zu verlieren. Eine besondere Rolle kommt dabei dem Dateistandard *MP3* (Motion Picture Experts 1 Layer 3) zu, der von Karl-Heinz Brandenburg und einigen anderen Wissenschaftlern in der Zeit von 1986 bis 1994 am Fraunhofer Institut in Erlangen entwickelt wurde[41] und mit dem Musik zu sehr kleinen Computerdateien komprimiert werden kann. Eine MP3-Datei zu erzeugen ist einfach: Zuerst kopiert der Nutzer einen Song von der herkömmlichen Audio-CD auf seinen Computer. Dieser Prozess, zu dem eine entsprechende Software (ein sogenannter »*Ripper*«) und ein Compact Disc – Read Only Memory –Player (CR-ROM-Abspielgerät) benötigt werden, wird als »*Ripping*« bezeichnet. Der »*Ripper*« übersetzt die Audiodatei in eine Computerdatei. Nachdem der Song »gerippt« wurde, wird er in einem WAV-Dateiformat abgespeichert, das durchschnittlich 36 Megabytes groß ist. Nun wird ein MP3-Encoder benutzt, um die WAV-Datei in eine komprimierte MP3-Datei umzuwandeln. Die Datei wird dabei bis auf 10% der WAV-Dateigröße ohne merklichen Audioqualitätsverlust[42] verkleinert. Durch diese Komprimierung kann die MP3-Datei nun einfach und kostengünstig auf dem Computer ge-

---

[39] *National Research Council (2000)*, S. 76
[40] Vgl. ebenda, S. 77ff.
[41] Vgl. *Rieger (2000)*, S. 1
[42] Vgl. *Allen (1998)*, S. 2

speichert, vervielfältigt und in seiner immateriellen digitalen Form z.B. über Computernetze verschickt werden. Das Herunterladen – also die lokale Speicherung einer Kopie von einem digitalisierten Song, der sich an einem anderen Ort im Computernetz befindet - dauert wegen der leistungsstarken Komprimierung des MP3-Formats statt mehrerer Stunden nur noch wenige Minuten. MP3-Musikdateien können unterschiedlich genutzt werden. Zum einen ist es möglich, sie direkt am Computer mit MP3-Abspielsoftware wie dem *Real Audioplayer* oder dem *Windows Mediaplayer*, die kostenlos erhältlich sind, anzuhören und den Computer über eine Soundkarte mit der Stereoanlage zu verbinden. Es sind also kaum zusätzliche Investitionen notwendig, um MP3-Dateien nutzen zu können. Die Dateien lassen sich zum anderen aber auch in WAV-Audiodateien zurück umwandeln und mit Compact-Disk-Aufnahmegeräten, sogenannten CD-Brennern, auf bespielbare CDs (CD-Rs) überspielen, die mit einem normalen Audio-CD-Spieler abgespielt werden können. Außerdem ist die Nutzung mit sogenannten MP3-Playern wie dem *Rio* möglich, meist portable Endgeräte, auf denen sich MP3-Dateien ohne ein zusätzliches Tonträgermedium speichern und abspielen lassen.

Der große Vorteil des MP3-Formats ist also, dass es Musik einfacher tauschbar und in Computernetzen transportierbar macht, die bisherigen Nutzungsgewohnheiten aber nicht beeinträchtigt. Denn auch heruntergeladene MP3-Dateien können wieder so umgewandelt und auf eine CD gespeichert werden, dass sie auf herkömmlichen Musikabspielgeräten konsumiert werden können.

b. Großes digitales Angebot unautorisierter Musik

Wegen der komfortablen Eigenschaften des MP3-Formats hat sich sehr schnell ein weitreichendes – zumeist unautorisiertes Angebot von digitaler Musik im Internet entwickelt. Die meisten Angebote bieten ihren Nutzern MP3-Dateien zum Kopieren auf die lokale Festplatte an.[43] Das bekannteste Beispiel ist die Musiktauschbörse *Napster*, in der alleine im Februar 2001 rund 2,8 Milliarden

---

[43] Dieser Vorgang wird i.d.R. als *Download* bezeichnet.

Musikdateien unautorisiert heruntergeladen wurden.[44] Napster basiert auf der *Peer-to-Peer*-Technologie[45] und ist ein sogenanntes *Filesharing*-Programm.

Nutzer von solchen Filesharing-Programmen können die Festplatten anderer Nutzer nach bestimmten Dateien durchsuchen und miteinander Daten austauschen – also Kopien der gesuchten Datei auf die eigene Computerfestplatte herunterladen, abspeichern und dann lokal nutzen oder weiterverarbeiten. Zwar ist Napster derzeit aufgrund einer gerichtlichen Verfügung nicht mehr in Betrieb[46], das unautorisierte Herunterladen von Onlinemusik verteilt sich nunmehr aber auf eine ganze Reihe neuer Filesharing-Programme. Im Gegensatz zu Napster verläuft bei diesen Anbietern der Suchprozess i.d.R. nicht mehr zentral über den eigenen Server, sondern ebenfalls dezentral über das Peer-to-Peer-System. Das ist auch der Grund, warum diese Anbieter im Vergleich zu Napster nur noch schwer juristisch angreifbar sind: Weder der Such- noch der Austauschprozess finden auf ihren Datenservern statt und sind deshalb zentral von ihnen zu verantworten.[47] Nach Schätzungen des Marktforschungsinstituts *Webnoize*, wurden im August 2001 über die vier wichtigsten Nachfolger von Napster, *FastTrack*, *Audiogalaxy*, *iMesh* und *Gnutella* rund 3,05 Milliarden Musikdateien getauscht.[48] Neuere Untersuchungen der Firma NetPD zeigen, dass alleine in einem einzigen Filesharing-Netzwerk im Januar 2002 etwa 3,6 Milliarden Dateien getauscht wurden.[49] Die aktuellen Zahlen dürften noch weiter darüber liegen.

---

[44] Vgl. *Anonym (2001c)*, S. 61

[45] Die Peer-to-Peer-Technologie ermöglicht es den Internetnutzern, nicht zentral über einen sogenannten Server miteinander Daten auszutauschen, sondern dezentral von Computer zu Computer; für eine ausführliche Erläuterung dieser neuen Technologie: Vgl. *Cortese (2001)*, S. 194ff.

[46] So wurde vom Gericht entschieden, dass Napster zumindest den Suchvorgang zentral anbietet und seine Nutzer damit zum unautorisierten Kopieren ermuntern würde. Vgl. *Associated Press (2001a)* Derzeit gilt die Zukunft von Napster trotz des erheblichen finanziellen Engagements von Bertelsmann als unsicher.

[47] Den juristische Erfolg der Musikindustrie gegen Napster bezeichnet *Moglen (2001)* deshalb als Pyrrhussieg, da die nachfolgenden Filesharing-Programme, die nicht mehr juristisch belangt werden könnten, davon nur profitieren würden. Vgl. *Moglen (2001)*, S. 1 ff.

[48] Vgl. *King (2001b)*, S. 1

[49] Vgl Larsen (2002)

Eine zu dieser Art des *Downloads* alternative Technik stellt das sogenannte *Streaming* dar.[50] Beim Streaming entsteht keine lokale Kopie der Musikdatei auf der eigenen Festplatte, stattdessen wird die gewünschte Musikdatei direkt vom Computer des Anbieters aus abgespielt. Eine Voraussetzung für den Konsum ist dabei, dass sich der Nutzer online befindet und eine Verbindung zum Anbieter der Streaming-Audiodateien hergestellt wird. Bei diesem Vorgang entsteht also keine Kopie des Songs.[51]

c. **Hohe Internet-Affinität der Musikkonsumenten**

Die wichtigste Zielgruppe der Musikindustrie, die 14-25 Jährigen[52], sind in besonderem Maße mit den für den Austausch digitaler Musik notwendigen neuen Medien vertraut. Viele haben über ihre Universitäten und Schulen kostenlosen Zugriff auf moderne Informationstechnologien und Internetverbindungen, die für das Herunterladen digitaler Musik benötigt werden. Zudem lernen sie die neuen Techniken im Unterricht kennen. Der Umgang mit ihnen und die Bedienung der benötigten elektronischen Gerätschaften fällt dieser Zielgruppe also besonders leicht.[53] Zudem verfügt sie über die erforderliche Zeit und hat i.d.R. geringere Löhne, also auch geringere Opportunitätskosten.[54] Das führt zum einen dazu, dass der Download von Musikdateien für jüngere Konsumentengruppen besonders preiswert ist und sie zum anderen genügend Zeit haben, um sich mit dem neusten Stand der Technik vertraut zu machen.

d. **Geringe Kosten des Konsums digitaler Musik**

Wie bereits in Abschnitt a. erwähnt, ist der Konsum digitaler Musik über Computernetze für den Konsumenten kaum mit zusätzlichen Kosten verbunden. Er

---

[50] Vgl. *Borchers (2000)*, S. 13

[51] Die Streaming-Technologie verletzt dabei nicht so sehr den Copyright-Schutz, da die Vervielfältigungs-möglichkeit im Gegensatz zum Herunterladen eingeschränkt wird; für einen ausführlichen Vergleich der beiden Technologien: vgl. *Shirky (2001)*, S. 146

[52] Vgl. Kapitel B, S. 23 f.

[53] „Berührungsängste" mit neuen Techniken und technischen Geräten sind insbesondere bei älteren Konsumentengruppen zu beobachten.

[54] In Kapitel C wird ein eigenes Modell entwickelt, dass sich diesen Besonderheiten widmet. Vgl. S. 62 ff.

braucht seine bisherigen Konsumgewohnheiten von Musik nicht grundlegend zu verändern. Stattdessen hat er ergänzend zu seinen bisherigen Konsummöglichkeiten Zugriff auf unautorisierte Musikdateien, die er ohne nennenswerte zusätzliche Investitionen am Computer konsumieren kann oder über die Transformation auf eine Audio-CD in sein gewohntes Konsumformat umwandeln kann. Umgekehrt kann er Musik aus dem herkömmlichen Konsumformat mit geringem Aufwand in das neue Konsumformat übertragen. Die neue Technik der digitalen Musik ist also beidseitig kompatibel zu dem gewohnten Konsumtechniken von Musik. Die gewohnten Verhaltensweisen gegenüber dem Entertainmentgut Musik müssen wegen der neuen Techniken also nicht geändert werden. Im Gegensatz zu digitalen Filmen oder Büchern, wird für den Konsum der digitalen Musik in den meisten Fällen kaum zusätzliche Technik benötigt. Es fallen daher auch nur geringe Installations- bzw. Wechselkosten an, was die Popularität von Online-Musik erhöht.

2. Interessenskonflikt in der Musikwirtschaft

Auswirkungen der Digitalisierung wie die Verbreitung unautorisierter Kopien sind in der Musikindustrie besonders weit fortgeschritten. In ihrem aktuellen Report zur Musikpiraterie beklagt die internationale Interessensvertretung der Musikindustrie, die *International Federation of the Phonographic Industry* (IFPI)[55]:

> »Music piracy poses a greater threat to the international music industry than at any other time in its history. Traffic in pirate recordings is not only proliferating worldwide – it is rapidly diversifying into new technologies and formats.«[56]

Die Digitalisierung hat zwei expansive Effekte auf den Umfang des unautorisierten Kopierens: zum einen hat die private Verbreitung von CD-Brennern, mit denen Musik-CDs und Musikdateien auf CD-Rs kopiert werden können, in den

---

[55] Die IFPI vertritt über 1400 Plattenfirmen und –distributoren im Kampf gegen das unautorisierte Kopieren von Musik in jeglicher Form und setzt sich vor allem für eine strengere Gesetzgebung und Rechtsprechung ein.

letzten zwei Jahren stark zugenommen.[57] Dieser Effekt hat insbesondere Auswirkungen auf die herkömmlichen Konsumformate von Musik und die Kompatibilität der digitalen Musik mit herkömmlichen Abspielgeräten. Zum anderen ist die Distribution unautorisierter digitaler Kopien über Computernetzwerke wegen des MP3-Standards und der Filesharing-Systeme, wie bereits im letzten Abschnitt dargestellt wurde, erheblich gestiegen.

Dennoch ist die Musikindustrie allgemein darum bemüht, trotz der neuen Rahmenbedingungen der Digitalisierung ihre Gewinne auch in Zukunft zu maximieren. Das heißt zum einen, dass sie die Chancen der neuen Technologien nutzen wird, um neue Märkte zu erschließen und neue Umsatzpotenziale auszuschöpfen, zum anderen dass sie die Risiken der Digitalisierung durch neue technische Entwicklungen gering und kontrolliert halten will.

V. Gang der Untersuchung

Aus industrieökonomischer Sicht gibt es nur sehr wenige Texte, die sich ausgiebig mit den Auswirkungen der Digitalisierung auf die einzelnen Industrien für Informationsgüter beschäftigen. Zwar existiert eine Reihe mikroökonomischer Artikel zu den allgemeinen Nachteilen der Digitalisierung, also den Effekten unautorisierten Kopierens auf die Nachfrage nach Informationsgütern[58], ihre Darstellung bleibt jedoch modellartig und allgemein und wird nur vereinzelt auf ihre Gültigkeit für die realen Industrien untersucht. Auch Kosten- und Nutzenvorteile der Digitalisierung von Informationsgütern[59] sowie Aspekte der Produkt- und Preispolitik[60] werden meist nur allgemein und nicht industriespezi-

---

[56] Vgl. *IFPI (2001b)*, Piracy Report, S. 2

[57] Gemäß den Angaben des Piracy Reports der IFPI ist diese Entwicklung besonders auffällig in Westeuropa; Deutschland und Frankreich seien trotz ihrer relativ kleinen Bevölkerungsgröße nach den USA die zahlenstärksten Märkte für bespielbare CDs (CD-Rs). Vgl. *IFPI (2001b)*, S. 3

[58] Die wichtigsten Artikel werden in Kapitel C ausführlicher dargestellt.

[59] Vgl. *Porter (2001)*, S. 63ff oder *Shapiro/Varian (1999)*

[60] Vgl. u.a. *Varian (1997)*, *Varian (1998)*, *Bakos/Brynjolfsson (1996)*

fisch dargestellt. Von der Musikindustrie selbst gibt es nur sehr wenige ökonomische Analysen.[61] Zumeist berücksichtigen sie noch nicht die Digitalisierung, sondern widmen sich eher dem Status Quo der Musikindustrie vor der sogenannten *digitalen Revolution*. Die Diskussion zu den aktuellen Entwicklungen in der Musikindustrie findet also nur zu einem geringen Teil auf wirtschaftswissenschaftlicher Ebene statt.

Ziel dieser Untersuchung ist es, die Ergebnisse der allgemeinen ökonomischen Analyse der Digitalisierung auf die besonders betroffene Industrie der Musikwirtschaft anzuwenden. Dabei wird versucht, die ökonomischen Effekte möglichst umfassend und detailliert anhand des industrieökonomischen Instrumentariums zu analysieren und ihre Tragweite und Relevanz kritisch zu untersuchen. Zudem sollen relevante Zukunftsszenarien aufgezeigt und diskutiert werden. Es geht bei dieser Untersuchung vor allem um den speziellen Einfluss, den die Digitalisierung von Informationsgütern direkt auf die Struktur der Musikindustrie ausübt und nicht um allgemeine Veränderungen, die auch die Kommunikation oder das Marketing aller anderen Industrien verändern[62], wie beispielsweise die Aufnahme neuer Kommunikationstechniken (z.B. *Electronic Mail*) in den Marketing-Mix der Unternehmen.

Das vorliegende Buch gliedert sich in fünf Kapitel. Kapitel A dient der Darlegung der Problemstellung, zur Abgrenzung der Begrifflichkeiten und zur ökonomischen Einordnung der Thematik. Kapitel B charakterisiert mithilfe des industrieökonomischen *Structure-Conduct-Performance* (oder kurz: S-C-P) - Paradigmas und einigen Instrumenten aus der Betriebswirtschaftslehre die Besonderheiten und wirtschaftlichen Rahmenbedingungen der internationalen Musikindustrie. Es wird gezeigt, welchen besonderen Gesetzmäßigkeiten die Nachfrage nach Musik folgt und welche speziellen wettbewerblichen Marktstrukturen in der Musikindustrie herrschen. Dabei geht es noch nicht um die Ef-

---

[61] Als ausführliche Industriebeschreibungen sind hier vor allem *Vogel (1998)* und *Hull (2000)* für die US-amerikanische bzw. internationale Industrie und *Kulle (1998)* für die deutsche Industrie zu nennen.

[62] Für die Darstellung dieser allgemeinen Veränderungen, die in nahezu allen Branchen durch die Digitalisierung hervorgerufen werden: vgl.. *Porter (2001, S. 62 ff..*

fekte der Digitalisierung sondern viel mehr um die Darstellung des Status Quo *vor* der Beeinflussung durch die Digitalisierung. Das liegt zum einen daran, dass die in der Literatur verfügbaren Analysen die Einflüsse der Digitalisierung noch nicht berücksichtigen. Zum anderen dient diese Vorgehensweise dazu, die bisherigen Strukturen klar von den Effekten der Digitalisierung zu trennen, um diese anschließend umso genauer untersuchen zu können. Zwar verschiebt sich die eigentliche Analyse der Digitalisierungseffekte damit etwas nach hinten, ein allgemeines Verständnis der Musikindustrie ist aber unumgänglich, um die speziellen Einflüsse der Digitalisierung richtig deuten zu können. Diese Untersuchung bereitet also die Grundlage, für die später folgende Analyse der Auswirkungen der Digitalisierung.

Das Kapitel C widmet sich der mikroökonomischen Fundierung der wichtigsten Effekte der Digitalisierung auf die Nachfrage nach autorisierter und unautorisierter Musik. In diesem Kapitel wird der bereits oben erwähnte negative Effekt auf die Nachfrage nach autorisierter Musik untersucht. Dabei bilden sich einige Produktmerkmale heraus, die für die Auswirkungen der Digitalisierung von entscheidender Bedeutung sind. Zunächst wird die mikroökonomische Literatur zum optimalen Kopierschutz diskutiert und bewertet. Die industriespezifischen Erkenntnisse aus Kapitel B werden genutzt, um die meist allgemein formulierten Modellansätze kritisch bezüglich ihrer Anwendbarkeit auf die Musikwirtschaft zu untersuchen. Besonderes Augenmerk liegt dabei auf den Arbeiten einer Reihe von Ökonomen, die positive Effekte des unautorisierten Kopierens von Informationsgütern auf die Gewinne ihrer Produzenten hervorheben. Anschließend werden zwei eigene Ansätze vorgestellt, die aus den Ergebnissen des Kapitel B abgeleitet werden und jeweils einen neuen Effekt des unautorisierten Kopierens auf die Gewinne der Produzenten abbilden. Auch diese eigenen Ansätze werden auf ihre Gültigkeit und Relevanz für die Musikindustrie geprüft. Zum Abschluss des Kapitels wird versucht, den realen Nettoeffekt des unautorisierten Kopierens auf die Umsätze der Plattenfirmen abzuschätzen und den optimalen Kopierschutz aus Sicht der Hersteller zu bestimmen. Vereinfachend wird dabei angenommen, dass die Musikindustrie den Kopierschutz frei wählen kann.

Kapitel D greift die Ergebnisse zur Frage des optimalen Kopierschutzes aus Kapitel C auf und wendet sie etwas allgemeiner auf die Struktur der Musikindustrie an. Es wird untersucht, welche Veränderungen sich für die einzelnen Industriemerkmale und für den Wettbewerb in der Musikwirtschaft ergeben. Dabei geht es sowohl um Veränderungen, die bereits als Reaktion auf die Digitalisierung stattgefunden haben als auch um solche, die in naher Zukunft zu erwarten sind. Die wichtigsten Treiber für die weitere Entwicklung werden identifiziert und einige relevante Zukunftsszenarien der Musikindustrie aufgezeigt. Zur besseren Übersichtlichkeit orientiert sich dieses Kapitel an dem Aufbau des Kapitels B.

Kapitel E fasst die Ergebnisse der Untersuchung schließlich zusammen, gibt einen allgemeinen Ausblick und diskutiert kurz die Übertragbarkeit der Ergebnisse auf andere Branchen der Entertainmentindustrie.

B. Untersuchung der Musikwirtschaft

I. Einordnung der Analyse

Um ein möglichst umfassendes und für die weitere Analyse nützliches Bild von der Musikwirtschaft zu bekommen, folgt die Untersuchung dem Standardansatz der Industrieökonomik: dem *Structure-Conduct-Performance*-Paradigma.[63] Dieser Ansatz ermöglicht einen vollständigen Überblick über die Beschaffenheit einer Industrie und stellt die Wirkungszusammenhänge zwischen den einzelnen Charakteristika der Industrie vereinfacht dar.[64] Er geht davon aus, dass das wirtschaftliche Ergebnis (*Performance*) der untersuchten Industrie von dem Verhalten von Anbietern und Nachfragern (*Conduct*) abhängt, was von der Industriestruktur (*Structure*) bestimmt wird, die zum Teil in den Rahmenbedingungen des Marktes begründet liegt (*Basic Conditions*).[65] Die Vielzahl der charakteristischen Merkmale, die sich bei der Beschreibung einer Industrie finden lassen, werden diesen vier Bereichen systematisch untergeordnet.

Eigentlich ist das S-C-P-Paradigma nicht dazu entwickelt worden, externe Einflüsse und deren Auswirkungen auf eine Industrie abzubilden. Vielmehr geht es bei diesem Ansatz um die Darstellung industrieinterner Zusammenhänge. Die Untersuchung der vorliegenden Arbeit konzentriert sich dagegen auf die induzierten Veränderungen durch die drei externen Treiber der Digitalisierung. Doch auch für diese Untersuchung ist die Systematik des S-C-P-Ansatzes hilfreich. Allerdings liegt der besondere Augenmerk im Gegensatz zur herkömmlichen Anwendung auf der Untersuchung der Rahmenbedingungen, die insbesonders von den Auswirkungen der Digitalisierung betroffen sind. Der S-C-P-Ansatz

---

[63] Das *Structure-Conduct-Performance (oder kurz S-C-P) Paradigma* geht auf den Harvard Professor *Edward S. Mason* (1939, 1949) zurück. Eine aktuellere Darstellung findet sich bei *Carlton/Perloff (1990)*, S. 2ff..

[64] Auch andere Instrumente wie beispielsweise die »Five Forces«-Analyse nach Michael E. Porter hätten sich ebenfalls für die Untersuchung angeboten.

[65] Für eine ausführliche Diskussion des *Structure-Conduct-Performance-Paradigmas*: Vgl. *Carlton/Perloff (1990)*, S. 2ff., und *Scherer/Ross (1990)*, S.4-7.

wird also nicht in seiner herkömmlichen Absicht angewendet, sondern lediglich als systematisches Hilfsmittel benutzt.

Die Annahme der einfachen Wirkungskette im S-C-P-Ansatz wurde in der Literatur häufig kritisiert, da sie den komplexen wechselseitigen Beziehungen der Industriemerkmale untereinander nicht gerecht wird.[66] Diese Kritik scheint auch im Fall der Musikwirtschaft angebracht. In der folgenden Analyse wird deshalb die systematische Zuordnungsstruktur des Paradigmas benutzt, um eine möglichst lückenlose Darstellung der Industrie zu garantieren. Von der strikten Modellierung der Wirkungszusammenhänge aber löst sich die Untersuchung. Es werden also die beschreibenden Fähigkeiten dieses Ansatzes genutzt, nicht die erklärenden.

II. Abgrenzung des betrachteten Marktes

Die hier gewählte Einordnung der Musikwirtschaft in die Entertainmentindustrie geht auf *Vogel (1998)* zurück.[67] Er bezeichnet Musik als ein Gut der Entertainmentindustrie, bzw. als *recreational good*.[68] Hauptmerkmal dieser recreational goods ist, dass sie Komplementärgüter zur Freizeit darstellen, also ausschließlich in der Freizeit konsumiert werden. *Kulle (1998)* benutzt im deutschen unter ähnlicher Zuordnung dafür den Begriff Freizeitkonsumgut, die Entertainmentindustrie nennt er Freizeitindustrie.[69]

Der Begriff Musikwirtschaft wird in der Literatur i.d.R. als Synonym verwendet für die Industrie für *Recorded Music*.[70] Unter Recorded Music wird allgemein die gespeicherte Form von Musikaufnahmen bezeichnet, die im Gegensatz zu Live-Darbietungen unter geringem Aufwand vervielfältigt und wieder abgespielt

---

[66] Vgl. *Stead/Curwen/Lawler(1996)*, S. 7f.
[67] Der Begriff der Entertainmentindustrie wurde bereits im letzten Kapitel A auf S. 6 erläutert. Vgl. auch *Vogel (1998)*, S. 1f., sowie S. 132ff.
[68] Vgl. ebenda, S. 18
[69] Vgl. *Kulle (1998)*, S. 28

werden können. Traditionellerweise besteht Recorded Music aus der Kombination einer immateriellen Musikaufnahme und einem materiellen Tonträgermedium, auf dem die Aufnahme gespeichert[71] ist. Das populärste Konsumformat dieser Recorded Music sind Musikalben auf *Compact Discs* (CDs). Die Tonträgermedien ermöglichen es dem Konsumenten, die gespeicherte Musik zu transportieren und an verschiedenen Orten, zu verschiedenen Zeiten und auf verschiedenen Abspielgeräten zu konsumieren. In den vorangegangenen Abschnitten wurde deutlich, dass Musik in seiner digitalen Form jedoch auch ohne ein solches Tonträgermedium auskommt und in entsprechenden digitalen Netzen transportiert werden kann.

Hier bezeichnet der Begriff Recorded Music allgemein deshalb gespeicherte Musik, unabhängig davon, ob sie auf einem traditionellen Tonträgermedium oder in ihrer immateriellen, digitalen Form vorliegt.

Es gibt keine einheitliche und homogene Musikwirtschaft. Vielmehr gibt es viele verschiedene beteiligte Unternehmen, Produkte und Märkte. Die Grundproblematik, die in Kapitel A formuliert wurde, gilt aber prinzipiell für alle diese Teilbereiche: Jedes Musikprodukt kann digitalisiert und anschließend unkontrollierbar über das Internet vervielfältigt werden. Somit ist es zwar etwas nachlässig, in der Überschrift von *der* Musikwirtschaft zu sprechen, als ob es nur eine einheitlich strukturierte Branche geben würde, die untersuchte Fragestellung gilt jedoch gleichermaßen für alle ihre Teilbereiche - und somit auch für die Musikwirtschaft im Ganzen. Was die Musikgattungen von Recorded Music angeht, so konzentriert sich dieses Buch auf die international umsatzstärksten Genres der Unterhaltungsmusik, also vor allem die Rock- und Popmusik.[72]

Die folgende Untersuchung konzentriert sich zudem nicht auf den deutschen oder europäischen Musikmarkt. Wegen der besonderen Struktur des Musikan-

---

[70] Im Deutschen wird dafür meist das Wort *Tonträgerindustrie* verwendet.

[71] Beispielsweise auf optischen Speichern (CDs) oder magnetischen Speichern (Audiokassetten).

gebots wird eine internationale Betrachtungsweise gewählt. Als Referenzmarkt dient dabei jener der USA, als der weltweit umsatzstärkste Markt[73] und operativer Standort der wichtigsten internationalen Musikunternehmen.[74] Bei dieser Betrachtungsweise werden selbstverständlich nicht alle Eigenheiten der nationalen Musikindustrien berücksichtigt. Trotzdem bietet sich der internationale Blickwinkel an, denn es soll in dieser Arbeit versucht werden, einen allgemeingültigen Überblick über die Grundstrukturen in der Musikindustrie zu geben.

Einen für die spätere Untersuchung wichtigen Unterschied zwischen den USA und den europäischen Märkten gibt es allerdings: In den USA ist der Einfluss, den die Digitalisierung auf die nationale Musikwirtschaft hat, bereits am weitesten fortgeschritten: Der Onlinemarkt für Musik ist dort mit Abstand am weitesten entwickelt.[75] Doch auch der Einfluss der unautorisierten Musikdistribution über das Internet tritt in den USA besonders stark auf. Das bestätigt zum einen die aktuelle Diskussion, die noch überwiegend in den USA geführt wird. Zum anderen ist die Internetpiraterie über Filesharing-Programme wie Napster auch besonders in den USA verbreitet.[76] Es gibt viele Gründe, warum der amerikanische Markt Europa in der Onlinedistribution weit voraus ist. Das Marktforschungsunternehmen *Jupiter Research* führt in seinem Report zum Online-Musikmarkt in Europa vor allem an, die notwendige technische Infrastruktur sei

---

[72] Für eine ausführliche Umsatz-Aufgliederung auf die wichtigsten Musikgattungen: vgl. IFPI (2001), S. 4 ff.

[73] Nach Angaben des letzten Branchenreports der IFPI wurden im US-amerikanische Markt im Jahr 1999 rund 39 Prozent der weltweiten Umsätze mit Musik erwirtschaftet. Vgl. *IFPI (2000), S. 8*

[74] Die wichtigsten internationalen Medienunternehmen, einschließlich der fünf größten Plattenfirmen, haben ihren Hauptsitz alle im gleichen kleinen Bezirk rund um den Times Square in New York City.

[75] Nach Angaben von *Jupiter Research* machte der US-amerikanische Online Musikmarkt mit 0,8 Milliarden Dollar Umsatz im Jahr 2000 rund zwei Drittel der gesamten Online generierten Umsätze mit Musik aus. Vgl. *Jupiter Research (2000), S. 15*

[76] Gemäß der letzten Studie des amerikanischen *Internet Council* (USIC) kamen im Jahr 2000 rund 36 Prozent aller Onlinenutzer aus den USA, vgl. *United States Internet Council (2001), S. 6*; der Anteil der Napster-Nutzer unter ihnen war in 2000 mit geschätzten 18 Prozent sehr hoch. Vgl. *Jupiter Research(2001), S. 5*

in Europa noch nicht so weit entwickelt.[77] Unter 25 Prozent der europäischen Population haben gemäß den aktuellsten Angaben des *United States Internet Council (2001)* einen Internetzugang.[78] Ferner seien neuere Verbindungstechnologien mit höheren Übertragungsraten in Europa nicht so weit verbreitet wie in den USA[79] und auch die sogenannte *Flatrate*[80] habe sich in Europa nicht durchgesetzt, so dass die Internetnutzer weiterhin vergleichsweise hohe Kosten pro Onlineminute bezahlen müssten, was sich wiederum einschränkend auf ihre Onlineaktivität auswirke.[81] Der Report geht allerdings auch davon aus, dass sich diese technischen Rahmenbedingungen im europäischen Markt in kommenden Jahren deutlich den amerikanischen Verhältnissen angleichen werden. Somit würde der Onlinemarkt für Musik auch in Europa wachsen.[82]

Der Einfluss der Digitalisierung findet jedoch in diesem Kapitel noch keine Berücksichtigung.[83] Hier wird zunächst der Status Quo *vor* der digitalen Revolution beschrieben. Recorded Music bezeichnet hierbei also vor allem Musik, die auf physischen Tonträgermedien wie CDs oder Langspielplatten (LPs) gespeichert ist. Erst in Kapitel C und D wird explizit auf die Auswirkungen der Digitalisierung eingegangen.

---

[77] Vgl. *Jupiter Research (2001), S. 4*

[78] Im Vergleich zu 42 Prozent in den USA, Vgl. *United States Internet Council (2001), S.* 6ff

[79] Nur knapp 1 Prozent der europäischen Haushalte besitzt eine Breitband-Standleitung. Vgl. *Jupiter Research (2001), S. 4*

[80] Als *Flatrate* wird ein für die häufige Nutzung besonders günstiges Gebührenmodell für den Internetzugang bezeichnet, bei dem eine fixe Monatsgebühr erhoben wird, die unabhängig von der tatsächlichen Nutzung ist.

[81] So hätte ein Nutzer in Großbritannien beispielsweise alleine US$ 11 für die Zeit der Internetverbindung zu zahlen, die er bräuchte, um ein vollständiges Musikalbum aus dem Internet herunterzuladen. Vgl. *Jupiter Research (2001), S. 6*

[82] So werde der europäische Onlinemarkt für Musik sein Umsatzvolumen bis zum Jahr 2005 bereits auf rund 1,5 Milliarden US$ versiebenfachen. Ebenda, S. 7f.

[83] Wie bereits erwähnt liegt das an der Trennung von der Beschreibung des Status Quo und der Schilderung der Digitalisierungseffekte, die die Analyse der Veränderungen deutlicher hervorheben soll.

III. Industrieökonomische Analyse der traditionellen Musikwirtschaft

1. Rahmenbedingungen in der Musikwirtschaft

In diesem Abschnitt wird auf die wichtigsten Merkmale der Nachfrage und des Angebots in der Musikwirtschaft eingegangen. Besonders wichtig für die anschließenden Überlegungen zur Internetpiraterie und zum optimalen Kopierschutz ist dabei die Beschaffenheit der Nachfrage.

a. Nachfrage nach Musik

Die Nachfrage nach Recorded Music lässt sich zunächst grob in die Nachfrage nach autorisierten Tonträgern und in die Nachfrage nach unautorisierten Kopien einteilen. Ausführlich wird hier auf den ersten Teil eingegangen.

Nach Angaben der *IFPI* betrug der Gesamtumsatz für Recorded Music im Jahr 2000 weltweit insgesamt 36,9 Milliarden US$.[84] Den größten Anteil daran hatten CD-Alben, von denen 2,5 Milliarden Einheiten verkauft wurden. Der weltweit umsatzstärkste Markt waren die USA mit rund 14,9 Milliarden US$ Umsatz, (40,3 Prozent des Weltmarktes) gefolgt von Europa (11,2 Milliarden US$, 30,3 Prozent) und Japan (6,5 Milliarden US$, 17,6 Prozent).[85]

Recorded Music befriedigt bei ihren Konsumenten i.d.R. keine elementaren oder lebensnotwendigen Bedürfnisse, sondern stiftet einen eher indirekten Nutzen durch ausgelöste Emotionen, Prestige, Gruppenzugehörigkeit und sozialen Status. Zur gesamtwirtschaftlichen Nachfrage nach Recorded Music gibt es nur wenig Literatur. Neben einigen empirischen Untersuchungen von Datenreihen aus den 60er und 70er Jahren[86] beschäftigt sich aktuell vor allem *Stamm (2000)* mit diesem Thema. In seiner ökonometrischen Analyse identifiziert er sowohl für den weltweiten Gesamtmarkt als auch für relevante nationale Einzelmärkte

---

[84] Vgl. *IFPI (2001a)*, S. 1
[85] Ebenda, S. 2
[86] Vgl. *Burke (1995), Johnson (1989)*

die volkswirtschaftlichen Determinanten für die Nachfrage nach Tonträgern im Zeitraum von 1973 bis 1994.

Zunächst bestätigt seine Untersuchung die Annahme, dass Musik ein superiores Gut ist. Darauf lässt eine hohe Einkommenselastizität der Nachfrage in allen untersuchten Teilmärkten schließen.[87] Das Einkommensniveau ist zugleich die am signifikantesten korrelierte Variable bezüglich der Nachfrage.

Des weiteren ist die Altersstruktur einer Volkswirtschaft ausschlaggebend für die gesamtwirtschaftliche Nachfrage nach Tonträgern. Der Anteil der unter 25-jährigen ist positiv mit der Gesamtnachfrage korreliert, während sich der Anteil der über 25-jährigen negativ auf die Gesamtnachfrage auswirkt. Dieser Zusammenhang ist in den individuellen Marktdaten deutlich wiederzuerkennen: Demnach machten in den USA 1995 die 14- bis 25-jährigen (etwa 16 Prozent der Gesamtbevölkerung) über 40 Prozent des Gesamtumsatzes für Recorded Music aus.[88] Die jungen Teile der Bevölkerung sind also überproportional an der Nachfrage nach Recorded Music beteiligt. Dies gilt in ähnlichem Ausmaß auch für andere wichtige Märkte für Recorded Music.[89]

Es stellt sich die Frage, woran das liegen könnte. Die Einordnung der Musik zu den Freizeitkonsumgütern legt nahe, dass ihr Konsum als Komplementärgut zur Freizeit positiv mit der Höhe des individuellen Freizeitbudgets korreliert ist. Demnach braucht der Konsument nicht nur Geld, um sich Recorded Music kaufen zu können, sondern auch Freizeit, um sie zu konsumieren.

Die Entscheidung des Individuums, wie es sein Zeitbudget auf die Arbeit und die Freizeit aufteilt, richtet sich danach, welche Beschäftigung ihm einen höheren Nutzen verschafft: entweder die Arbeit in Form von konsumierbarem Lohn oder die Freizeit in Form von direktem Freizeitnutzen, der zusätzlich noch durch

---

[87] Vgl. *Stamm (2000)*, S. 136ff.
[88] Ebenda S. 136

den Konsum von komplementären Freizeitkonsumgütern erhöht werden kann.[90] Der Gesamtnutzen der Freizeit muss mindestens der Entlohnung der Arbeit– den Opportunitätskosten der Freizeit - entsprechen, damit sich das Individuum für Freizeit und gegen Arbeit entscheidet. Geht man nun für alle Individuen im Freizeitkonsum von gleichen Nutzenfunktionen mit abnehmenden Grenznutzen aus, so ergibt sich für jedes Individuum mit seinen individuellen Opportunitätskosten eine optimale Allokationsentscheidung.

Junge Konsumenten haben i.d.R. geringere Löhne (und damit auch niedrigere Opportunitätskosten) als ältere Menschen.[91] Deshalb entschließen sie sich bei gleichem Nutzen für zusätzliche Einheiten Freizeit, bzw. für den Konsum von zusätzlichen komplementären Freizeitgütern, wie etwa der Musik. Eine andere Erklärung wäre, dass selbst bei gleichen Opportunitätskosten der oben erwähnte zusätzliche Nutzen, der durch den Konsum von Freizeitkonsumgütern entsteht, bei jüngeren Konsumenten subjektiv höher ist als bei älteren. Das Prestige, die Gruppenzugehörigkeit und der soziale Status, die mit dem Konsum von Musik im Zusammenhang stehen, könnten bei jüngeren in der Wertschätzung besonders hoch sein. Sich z.B. innerhalb seines sozialen Umfelds als leidenschaftlicher Fan von Britney Spears zu erkennen zu geben, sorgt in der Schule vermutlich für mehr Anerkennung als im fortgeschrittenen Berufsleben. Dieser höhere Zusatznutzen von Freizeitkonsumgütern würde ebenfalls dazu führen, dass sich jüngere Konsumentengruppen für mehr Freizeit und mehr Recorded Music entscheiden.[92]

---

[89] Zum Beispiel für den deutschen Markt. Vgl. *Kulle (1998)*, S. 157: Dort machte die Gruppe der 10-29 jährigen 1997 zwar knapp 30 Prozent der Bevölkerung, allerdings über 45 Prozent der Tonträgerkäufer aus.

[90] Von dem man u.U. noch den Preis für die konsumierten Freizeitkonsumgüter abziehen muss.

[91] Im letzten Kapitel wurde bereits einmal auf diesen Umstand hingewiesen: Vgl. Kapitel A, S. 13 f.; Allerdings gelten diese Merkmale insbesonders auch für den Konsum von unautorisierten Musikkopien über Filesharing-Netzwerke wie Napster. Vgl. Kapitel C, S. 59 f.

[92] Vereinfacht wird hier davon ausgegangen, dass vor allem Freizeit die begrenzte Ressource der Individuen ist, nicht aber Geld. Eine Erhöhung führt dann automatisch (auch bei eher

Als weitere mögliche Determinanten nennt *Stamm (2000)* technologische Innovationen im Bereich der Tonträgerformate, die Verbreitung von unautorisierten Kopien, das Preisniveau der Tonträger und die Verfügbarkeit komplementärer Abspielgeräte.[93] Bezüglich dieser Variablen sind seine Ergebnisse aber weniger aussagekräftig, da ihm das notwendige Datenmaterial für die Analyse fehlte. Zumindest auf das Preisniveau und die Verbreitung von Piraterie wird in dieser Untersuchung aber noch einmal eingegangen.

Nachdem einige Determinanten identifiziert wurden, die die volkswirtschaftliche Nachfrage nach Musik bestimmen, wird im folgenden die Frage untersucht, für welche Recorded Music sich die Konsumenten individuell entscheiden:

Obwohl in den letzten Jahren weltweit ein zunehmender Erfolg von regionaler Recorded Music zu verzeichnen ist, erzielen einen Großteil des weltweiten Umsatzes mit Recorded Music immer noch internationale Produkte – zumeist aus den USA.[94] Zwar lag der Anteil der Musikimporte am internationalen Gesamtumsatz im Jahr 1999 weltweit nur bei rund 30 Prozent.[95] Diese Zahl wird jedoch durch den größten Markt, die USA, verzerrt, wo nur sehr wenige ausländische Musikprodukte gekauft werden.[96] Im zweitgrößten Markt Europa liegt die Importquote mit über 50 Prozent deutlich höher.[97] Unter diesen Exporten sind die Alben einiger weniger, weltweit erfolgreicher Musiker zu finden, sogenannter *Stars*, die viele nationale Verkaufscharts dominieren. So erreichte z.B. das Album »Oops, I did it again« von Britney Spears im Jahr 2000 in 19 verschiedenen Nationen eine Top-Ten-Position in den Verkaufscharts.[98] In Deutschland

---

einkommensschwachen Jugendlichen) zum Konsum von mehr Freizeitkonsumgütern wie Musik.

[93] Vgl. *Stamm (2000)*, S.47ff

[94] Eine ausführliche und kritische Untersuchung hierzu findet sich analog in der Literatur zur Dominanz der U.S. Filmindustrie, vor allem das Konzept des „cultural discount" von *Hoskins/Mirus (*1988), S. 499ff..

[95] *IFPI (2000)*, S. 7

[96] Nur etwa 5 Prozent des Gesamtumsatzes stammten 1999 in den USA aus Musikimporten. Vgl. *IFPI (2000)*, S. 150

[97] Ebenda, S. 17

[98] *IFPI (2001c)*, S. 16

schafften es im Jahr 1999 hingegen gerade einmal zwei nationale Musiker mit ihren Alben in die Top Ten.[99] Unabhängig davon, ob es sich nun aber um nationale oder internationale Musiker handelt, dominieren immer nur sehr wenige von Ihnen die Verkaufscharts. Gemessen an allen Künstlern, die ihre Musik auf dem Markt anbieten, ist nur ein sehr kleiner Prozentsatz von ihnen wirtschaftlich erfolgreich.[100]

Auch in anderen Märkten der Entertainmentindustrie ist es typisch, dass sich die erzielten Einkommen bzw. die Nachfrage der Konsumenten sehr ungleich über die zahlreichen Anbieter verteilen.[101] *Frank/Cook (1995)* haben Märkte mit dieser Eigenschaft als *Winner-Take-All*-Märkte bezeichnet.[102] Für die wenigen Großverdiener unter den Anbietern hat sich in der ökonomischen Theorie der Terminus *Superstar* eingebürgert.[103] Den *Winner-Take-All*-Märkten und dem *Superstar*-Phänomen werden auch die Märkte für Recorded Music zugeordnet. Die ungleiche Einkommensverteilung lässt sich aber nur bedingt anhand von Leistungsmerkmalen wie der musikalischen Qualität der einzelnen Angebote begründen. *Franck (2001)* nennt dazu ein Beispiel aus der Musik:

> »Auch wenn Luciano Pavarotti das Tausendfache eines Sängers am Stadttheater Freiberg verdienen mag, kann man nicht davon ausgehen, dass er tausend mal so gut singt oder tausend mal so viel Talent hat.«[104]

Es muss also neben dem reinen Qualitätsaspekt noch andere Gründe für die Existenz von *Superstars* geben. *Stigler/Becker (1977)* erklären die Existenz von *Superstars* durch das sogenannte »Konsumkapital«.[105] Demnach hängt der Grenznutzen, den man aus der zusätzlichen Konsumeinheit eines bestimmten Gutes zieht, vom Wissensstand ab, den man über diese Musik bereits erlangt

---

[99] *IFPI (2000)*, S. 25
[100] Vgl. *Vogel (1998)*, S. 140
[101] Vgl. *Franck (2001)*, S. 59
[102] Vgl. *Frank/Cook (1995)*, S. 4ff
[103] Der Begriff geht auf *Rosen (1981)* zurück, S. 845 ff..
[104] *Franck (2001)*, S. 59

hat. Diesen Wissensstand, den man wiederum durch investiven Konsum erhöhen kann, nennen sie das Konsumkapital. Je länger man sich also mit der jeweiligen Musikart oder mit dem jeweiligen Musiker beschäftigt hat, desto mehr schätzt man i.d.R. auch seine Produkte. Um den eigenen Nutzen zu maximieren, konzentriert die große Mehrheit der Musikkonsumenten ihren Konsum auf nur wenige Gattungen und Interpreten.

Zwar erklärt dieser Ansatz, warum Individuen überhaupt zu *Fans* einiger weniger Interpreten werden und treu deren Produkte kaufen. Streng genommen ist die Auswahl derjenigen Musikrichtungen und Interpreten, auf die sie sich spezialisieren, jedoch völlig zufällig. Es wird also nicht erklärt, warum die Mehrheit der Individuen weltweit dieselben *Superstars* favorisiert und Konsumkapital für sie aufbaut. *Adler (1985)* greift diesen Schwachpunkt auf, indem er zum Konsum alternative Möglichkeiten beschreibt, mit denen das Konsumkapital im Sinne von *Stigler/Becker (1977)* aufgebaut werden kann:

»As an example, consider listening to music. Appreciation increases with knowledge. But how does one know about music? By listening to it, and by discussing it with other persons who know about it.« [106]

Konsumkapital entsteht also auch durch Interaktion mit Gleichgesinnten. Um in diesem Sinne seinen Nutzen zu maximieren, entscheidet sich der Konsument bei der Auswahl seiner Spezialisierung danach, ob er durch gesellschaftliche Interaktion in seinem Umfeld zusätzliches Konsumkapital aufbauen kann. Er wählt also im Zweifelsfall diejenige Spezialisierung, die in seinem Umfeld besonders häufig vorkommt. *Franck (2001)* sieht darin eine Analogie zum Konzept der Netzwerkexternalitäten und der Standardisierungsökonomik.[107]

---

[105] Vgl. *Stigler/Becker (1977)*, S. 114
[106] *Adler (1985)*, S. 208
[107] Vgl. *Franck (2001)*, S. 63 ff.

»Konsumenten stellen sich besser, wenn sie den gleichen Künstler bevorzugen, den andere auch bevorzugen. Die Kosten, andere »Connaisseurs« zu finden, werden daher minimiert, wenn man den populärsten Künstler bevorzugt. Diese Suchkostenersparnisse der Standardisierung produzieren die bekannten *lock-in-Effekte*. Noch unbekannte Musiker müssten viel besser sein und/oder viel billiger anbieten, um Musikkonsumenten für den Verlust dieser Suchkostenersparnis der Standardisierung zu kompensieren, wenn sie einen »Connaisseur« zum Wechsel bringen wollen.« [108]

Der Wert eines Musikstückes steigt also mit der Anzahl der Mitkonsumenten. Folgt man dieser Argumentation von *Stigler/Becker (1977)* und *Adler(1985)*, so könnten die Zeit, die sich ein Individuum mit einem Musikprodukt bereits beschäftigt hat, sowie dessen bisher erreichte Popularität am Markt wichtige Determinanten für die Nachfrage nach einzelnen Musikalben oder Singles sein.

Besonders interessant ist in diesem Zusammenhang, wie häufig ein Musikstück im Radio gespielt wird (*Radio Airplay*). *Moe/Montgomery (2000)* kommen in einer Stichprobenuntersuchung von insgesamt 13 Titeln zu dem Ergebnis, dass auf der einen Seite Musikstücke, die in der Vorperiode mehr im Radio gespielt worden sind, in der Folgeperiode mehr gekauft werden. Auf der anderen Seite Singles, die in der Vorperiode mehr gekauft worden sind, in der Folgeperiode auch mehr im Radio gespielt werden.[109] Je häufiger Musikstücke also im Radio gespielt werden, desto erfolgreicher sind sie auch am Markt. Und je erfolgreicher Musikstücke sind, desto häufiger werden sie im Radio gespielt. Zwar bleibt fraglich, ob die Erkenntnisse von *Moe/Montgomery (2000)* allgemeingültig sind[110], doch erscheint dieser Zusammenhang zumindest nicht widersprüchlich zur Realität.

---

[108] *Franck (2001)*, S. 64
[109] Vgl. *Moe/Montgomery (2000)*, S. 12
[110] Obwohl sich bei der Mehrheit der 13 untersuchten Titel signifikante Korrelationen ergeben, bleibt die Reproduzierbarkeit dieser Ergebnisse fragwürdig. Außerdem wird nur die eine abhängige Variable zugelassen. Andere Determinanten, die vielleicht sogar einen wichtigeren Einfluss ausüben könnten, werden nicht berücksichtigt.

Auch mit der erweiterten Konsumkapitaltheorie nach *Adler (1985)* scheinen diese Beobachtungen vereinbar zu sein. Das Radio senkt die Suchkosten nach populärer Musik, und ermöglicht dem nutzenmaximierenden Musikkonsumenten, sich auf die erfolgreichsten Musikstücke zu spezialisieren. Durch die vom Radio geschaffene eingeschränkte Transparenz entscheiden sich immer mehr Individuen für die gleiche Musik. So erhöht sich die Wahrscheinlichkeit der interpersonellen Kommunikation – des Zusammentreffens mit Gleichgesinnten – und damit die Chance, dass das Konsumkapital und der Grenznutzen für das gewählte Musikstück ansteigen.

Auch andere Autoren weisen immer wieder auf die zentrale Rolle des Radio Airplays hin.[111] *Moe/Montgomery (2000)* stellen in ihrem Artikel deshalb die Frage, ob die Musikindustrie für das Radio Airplay als eine sehr effektive Art der Produktwerbung zahlen sollte. Tatsächlich haben angeblich etliche Plattenfirmen in der Vergangenheit große Teile ihres Budgets insbesondere als Bestechungsgelder (sogenanntes »payola«) investiert, damit ihre Produkte häufig im Radio gespielt wurden.[112]

Wenn aber die Popularität, die einem Musiker und seinen Werken widerfährt, entscheidend für seinen Markterfolg ist, so kommt auch dem Marketing eine große Bedeutung zu. Denn neben dem *Radio Airplay* sorgen auch Marketingmaßnahmen für eine höhere öffentliche Aufmerksamkeit und eine höhere Popularität. Im folgenden Abschnitt b. wird gezeigt, dass auch die Musikindustrie von diesen Zusammenhängen ausgeht, denn den Großteil ihrer Investitionen gibt sie i.d.R. für die Vermarktung von Recorded Music aus.[113]

Sowohl der Ansatz von *Stigler/Becker (1977)* und *Adler (1985)* als auch die erwähnte Beachtung, die in der beschreibenden Literatur der Popularität allgemein und dem Radio Airplay und Marketing im speziellen geschenkt wird, gehen bereits implizit von einer dynamischen Entwicklung der Nachfrage nach Recorded

---

[111] Vgl. *Alexander (1994a)*, S. 93 und *Vogel (1998)*, S. 146
[112] Vgl. *Alexander (1994a)*, S. 93
[113] Vgl. Kapitel B, S. 34

Music aus. Und tatsächlich spielt die Dynamik der Nachfrage für Musiktitel eine besondere Rolle:

Der Produktlebenszyklus von Musikprodukten in der Unterhaltungsmusik ist deutlich kürzer als der anderer Musikprodukte oder gar anderer Güter. *Moe /Fader (2000)* gehen für die USA von ungefähr zwei Jahren aus.[114] Andere Autoren geben noch kürzere Zyklen an.[115] Es gibt kaum Wiederholungskäufe und so verhält sich jede Neuerscheinung am Markt wie eine Produktinnovation, deren dynamische Nachfrage gemäß des Diffusionsprozesses verläuft.[116] Besonders interessant in diesem dynamischen Verlauf ist die erste Phase:

Zwar erklärt der Ansatz von *Stigler/Becker (1977)* und *Adler (1985)*, dass es nur einige *Superstars* gibt und dass sich die gesamte Nachfrage auf sie konzentriert. Welche der Neuerscheinungen sich jedoch direkt nach ihrer Veröffentlichung von der Masse absetzen, als erste die nötige kritische Masse[117] erreichen, um von den beschriebenen *Superstar*-Effekten zu profitieren, das bleibt weiterhin unklar. Hierzu findet sich auch in der Literatur keine Erklärung. Man kann aber davon ausgehen, dass der Erfolg in der ersten Phase des Lebenszyklus entscheidend für den Gesamterfolg des Musikalbums ist.[118]

Bikhchandani/Hirshleifer/Welch (1992) bezeichnen diese erste »fragile« Phase, in der nur kleine Schocks zu großen Veränderungen des aggregierten Nachfrageverhaltens führen können, als typisches Merkmal der Nachfrage nach Modegütern.[119] Auch in der Standardisierungsökonomik gibt es solche Effekte: In

---

[114] Vgl. *Moe/Fader (2000)*, S. 378 f.

[115] *Vogel (1994)* z.B. von nur einigen Monaten, Vgl. S. 146

[116] Vgl. *Kulle (1998)*, S. 154

[117] Auch diese Eigenschaft verbindet die Recorded Music mit der Netzwerkökonomie. Eine ausführliche Darstellung des Begriffes der *kritischen Masse* findet sich analog bei *Economides/Himmelberg (1995)*.

[118] Das entspricht im übrigen auch dem typischen Verlauf der Nachfrage nach Kinofilmen, wo die höchsten Umsätze an den ersten Wochenenden nach Kinostart erzielt werden. Vgl. DeVany/Walls (1999), S. 293

[119] Vgl. *Bikhchandani/Hirshleifer/Welch (1992)*, S. 993

Märkten mit sogenannten Netzwerkeffekten[120] setzt sich bei mehreren inkompatiblen Systemstandards i.d.R. nach kurzer Zeit nur ein einziger Standard durch. *Katz/Shapiro (1994)* haben diese Märkte als »tipping markets« bezeichnet. In einer frühen Marktphase konkurrieren die Standards, vereinfacht betrachtet, also wie die Musiker um einen Superstar-Status.[121]

Der Erfolg in dieser Phase hängt vermutlich neben einer Reihe angesprochener Einflussgrößen wie der Qualität, der Vermarktung, dem Startumfeld und dem *Radio-Airplay*, von einigen weiteren unvorhersehbaren und weniger kontrollierbaren Variablen ab. Ein geringer Impuls durch eine dieser Einflussgrößen kann jedoch in der frühen Phase des Lebenszyklus eine entscheidende Wirkung auf den Umsatz von Recorded Music haben. Kleine Impulse verstärken sich über Mund-zu-Mund-Propaganda zu kollektivem Verhalten, was sich durch die Superstar-Effekte weiter potenziert. Diese Prozesse werden auch als *Information Cascades* oder *Word-of-Mouth* bezeichnet.[122]

Sie sind nur schwer vorherseh- oder gar steuerbar und erklären das hohe Risiko, dass eine Plattenfirma bei jeder Neuveröffentlichung eingeht, denn der Erfolg des Musiktitels lässt sich nicht mit Sicherheit prognostizieren.

Die Diffusionstheorie beschreibt die Art, mit der sich eine Innovation durch bestimmte Kommunikationskanäle in Abhängigkeit von der Zeit über die Mitglieder eines sozialen Systems verbreitet.[123] Als wichtigste Kommunikationskanäle gelten dabei die Massenkommunikation über Medien und die interpersonelle Kommunikation.[124] Beide Kommunikationsformen beeinflussen die Form und

---

[120] Auf Netzwerkeffekte wird noch ausführlicher in Kapitel C eingegangen.

[121] Vgl. *Katz/Shapiro (1994)*, S. 106. Der Vergleich ist jedoch nur eingeschränkt gültig: in der Musikindustrie setzen sich i.d.R. eine ganze Reihe von Superstars durch und nicht – wie in „tipping markets" – nur ein einziger. Gemäß der Netzwerkökonomik nach *Katz/Shapiro (1994)* ließe sich das jedoch auch mit der heterogenen Nachfrage und einer hohen Produktdifferenzierung erklären.

[122] Vgl. *Bikhchandani/Hirshleifer/Welch (1992)*, S. 994 und *Corneo/Jeanne (1999)*, S. 371f.

[123] Vgl. *Rogers (1983)*, S. 5

[124] Das *Bass-Modell* stellt diesen Diffusionsprozess z.B. als ein Wechselspiel zwischen sogenannten Innovatoren (innovationsfreudige Konsumenten) und den Imitatoren dar; Jeweils

die Geschwindigkeit, mit der sich eine Innovation am Markt durchsetzt, was auch als Adoptionsprozess bezeichnet wird. Typischerweise verläuft dieser Adoptionsprozess über den Produktlebenszyklus wie eine Glockenkurve. Auch der Adoptionsprozess einer musikalischen Neuerscheinung folgt häufig dieser modelltypischen Form.[125] Allerdings ist die Glockenkurve i.d.R. linksschief, das Maximum der Adoptionen pro Periode wird also schon sehr früh im Produktlebenszyklus erreicht.[126] Das unterstützt die oben verfasste These, dass der ersten Phase des Produktlebenszyklus eine wichtige Rolle zukommt.

In Kapitel C soll der Einfluss der Digitalisierung von Recorded Music und insbesondere deren vereinfachte Reproduzierbarkeit auf den Umsatz in der Musikwirtschaft untersucht werden. Eine entscheidende Determinante dafür wird sein, wie sich die Nachfrage nach Tonträgern durch die Digitalisierung verändern wird. Und vorbereitend für diese Frage wurden hier die wichtigsten Merkmale der Nachfrage kurz dargestellt.

Auch auf die Nachfrage nach illegal kopierter Recorded Music soll hier kurz eingegangen werden: In ihrem aktuellen Piracy Report geht die *IFPI* für das Jahr 2000 von insgesamt 1,8 Milliarden illegal kopierten Tonträgereinheiten aus.[127] Demnach wäre fast jeder dritte Tonträger weltweit eine Raubkopie. Wie bereits erwähnt spielt neben den traditionellen Arten der Musikpiraterie vor allem die zunehmende Verbreitung von CD-Brennern und die Distribution unautorisierter Musikdateien in ihrer digitalen Form über Computernetzwerke wie das Internet eine Rolle.

Es gibt kaum theoretische Literatur zu den Determinanten, die für die Verbreitung von unautorisierten Kopien in einer Volkswirtschaft verantwortlich sind.

---

ein Teil der Innovatoren und Imitatoren entscheidet sich in jeder Periode des Produktlebenszyklus für den Kauf und beeinflusst in der Folgeperiode das Verhalten der Imitatoren, vgl. *Mahajan/Muller/Bass (1990)*, S. 2

[125] Vgl. die ökonometrische Untersuchung von *Moe/Fader (2001)*, S. 381

[126] Vgl. *Moe/Montgomery (2000)*, S.7

[127] Vgl. *IFPI (2001b)*, S.2

Burke (1996) kommt jedoch zu dem Ergebnis, dass die wirtschaftliche Entwicklung die wichtigste Einflussgröße darstellt.[128] Er argumentiert weiter:

»It is also consistent with a view that pirate audio software, being an inferior good, has had more buoyant market in less developed economies.«[129]

Besonders Nationen mit einem geringen Pro-Kopf-Einkommen haben traditionell einen hohen Anteil an Raubkopien: in China machen Raubkopien nach Angaben der *IFPI* z.B. rund 90% aller Tonträgereinheiten aus.[130] Ähnlich hohe Werte werden für Russland, Mexiko und Brasilien aufgeführt. In Nationen mit einem hohen Pro-Kopf-Einkommen, wie Deutschland, Frankreich, USA oder Japan, ist Piraterie mit Werten unter 10 Prozent deutlich weniger verbreitet.

Silva/Ramello (2000) nennen als die beiden wichtigsten Arten der Piraterie zum einen die Piraterie im engeren Sinne, bei der ein Anbieter in großem Umfang Raubkopien anfertigt und sie zu einem geringeren Preis als das Original auf den Markt bringt. Diese kommerzielle und organisierte Art der Piraterie beschreiben die Autoren– genau wie *Burke (1996)* - als ein Problem in Ländern, in denen kein klares Urheberschutzgesetz oder eine zu nachlässige exekutive Durchsetzung desselben herrschen. Zum anderen nennen sie das *Private Kopieren* (*Private Copying*), bei dem ein Individuum für die private Nutzung und ohne kommerzielle Absichten einzelne Kopien mit privater Ausrüstung anfertigt.[131]

Dieses *Private Kopieren* ist ein wichtiger Bestandteil der aktuellen Diskussion über die Digitalisierung von Musikprodukten. Denn der Umfang, in dem *Private Copying* betrieben wird, hat sich in den letzten Jahren wegen der zunehmenden Verbreitung von CD-Brennern und dem Filesharing über das Internet besonders in den wirtschaftlich gut entwickelten Ländern, die traditionell eher eine niedri-

---

[128] Vgl. *Burke (1996)*, S. 64
[129] Ebenda, S. 65
[130] Vgl. *IFPI (2001b)*, S.10
[131] Vgl. *Silva/Ramello (2000)*, S. 422

ge Raubkopierate haben, deutlich vergrößert.[132] Sowohl die private Nutzung von CD-Brennern zur Vervielfältigung von Audio-CDs als auch das Downloading unautorisierter Musikkopien sind diesem *Privaten Kopieren* zuzuordnen.[133]

b. Angebot von Musik

Der Entstehungsprozess von Recorded Music verläuft i.d.R. nach einem festen Schema:[134] Ein Musiker oder Komponist bringt eine Beispielaufnahme seiner Arbeit (Demotape) zu einer Plattenfirma.[135] Stößt das Demotape auf Interesse, so beginnen die Verhandlungen. Zwischen der Plattenfirma und dem Musiker wird ein Plattenvertrag abgeschlossen und es wird gemeinsam das erste Album aufgenommen. Als Kompensation für seine Investitionen erhält die Plattenfirma i.d.R. die exklusiven Veröffentlichungs-, Vervielfältigungs- und Verbreitungsrechte und einen Anteil an den Umsätzen, die mit der Musik erzielt werden.

Innerhalb der Teilwertschöpfungskette der Plattenfirmen nehmen zwei Aufgaben einen besonders wichtigen Stellenwert ein: zum einen das Aufspüren von erfolgversprechenden neuen Musikern (im Englischen wird hierfür die Bezeichnung *Artists&Repertoire* oder kurz *A&R* benutzt) und zum anderen die wirkungsvolle Vermarktung ihrer Musik.[136]

Insgesamt kann man die Wirtschaftsubjekte, die an dem gesamten Wertschöpfungsprozess beteiligt sind, grob in drei Bereiche einteilen: die Kreation, den

---

[132] Vgl. *IFPI (2001b)*, S. 2f.

[133] Juristisch eng verbunden mit diesem Begriff ist der sogenannte *Fair Use*, auf den sich Napster vor Gericht in den USA berufen hat. Für eine ausführliche Diskussion: vgl. *National Research Council (2000)*, S. 123ff..

[134] Erneut sei hier angemerkt, dass sich die Darstellung auf die umsatzstärksten Musikgattungen der Unterhaltungsmusik bezieht. Der Enstehungsprozess von klassischer Musik ist bspw. anders.

[135] Der Begriff Plattenfima bezeichnet allgemein Unternehmen, die beim Verlegen von Recorded Music maßgeblich beteiligt sind und unter Umständen auch Einfluss auf die vorgelagerte Stufe der Wertschöpfungskette, die Kreation, und die nachgelagerte Stufe, die Distribution ausüben. In der vorliegenden Arbeit wird dieser Begriff auch für Unternehmen verwendet, die mit Platten (also Vinyl-Tonträgermedien) nichts zu tun haben. Z.B. Online-Distributoren von Recorded Music.

[136] Vgl. *Hull (2000)*, S. 76

Verlag und den Vertrieb. Abbildung 1 zeigt die wichtigsten Aufgabenbereiche, die dieser drei Gruppen im allgemeinen zugeschrieben werden. In Kapitel D wird gezeigt, welchen Einfluss die Digitalisierung auf diese einzelnen Bereiche haben könnte. Die vorliegende Arbeit konzentriert sich dabei aber vor allem auf die Wirtschaftssubjekte im Bereich des Verlags. Auf die Stellung der Musiker und Produzenten wird nicht weiter eingegangen, da ihre Tätigkeit nicht so sehr von der Digitalisierung betroffen ist.

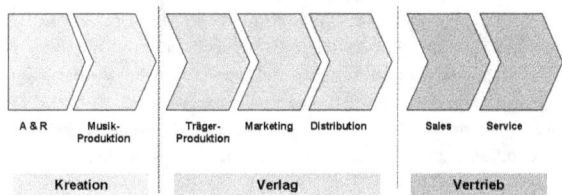

Abbildung 1: *Stilisiertes Abbild der Wertschöpfungskette in der Musikindustrie, eigene Darstellung*

Nachdem Musiker und Plattenfirmen durch die A&R-Manager zusammen gefunden haben (A&R), nehmen die Musiker zusammen mit den Produzenten und Toningenieuren eine Platte auf (Musikproduktion). Diese Originalaufnahme wird an die Plattenfirma weitergereicht, die dann eine große Anzahl von Kopien presst (Trägerproduktion) und vermarktet. Die Hauptverantwortung für das Marketing liegt bei der Plattenfirma, die auch dafür sorgt, dass die Kopien über unterschiedliche Stufen in den Handel kommen (Distribution) und schließlich die Konsumenten erreichen. Den Vertrieb bis zum Endkunden (Sales und Service) hingegen erfolgt über verschiedene, meist ausgelagerte Verkaufskanäle. In ihrem Jahresbericht für 1999 unterscheidet die *IFPI* zwischen dem allgemeinen

Handel (dem z.B. Kaufhäuser, Filialunternehmen, Spezialgeschäfte und Supermärkte angehören)[137], den Musikclubs, dem Versandhandel und den sogenannten *Premiums*, zu denen vor allem spezielle Promotionaktionen mit eigener Preis- und Produktgestaltung gezählt werden.[138]

Wenig verwunderlich ist, dass bei dieser Aufteilung in fast allen betrachteten Märkten die überwiegende Mehrheit der Umsätze durch den Handel generiert wird.[139] Hinsichtlich der Umsatzverteilung auf die unterschiedlichen Betriebstypen des Einzelhandels lässt sich leider keine Aussage machen. In den meisten Märkten kann zudem davon ausgegangen werden, dass der Handel über verschiedene Stufen (wie Groß- und Einzelhandel) verläuft. Wegen der beschriebenen Nachfragedynamik nach Musiktiteln ist es besonders wichtig, die ausreichende Verfügbarkeit der Tonträger im Handel sicherzustellen. Dazu bedarf es neben einer effizienten Logistik und Lagerhaltung über alle Handelsstufen hinweg auch einer attraktiven Platzierung der Titel im Einzelhandel. Um beides zu garantieren, ist ein gutes Verhältnis zum Händlernetzwerk für den wirtschaftlichen Erfolg der Plattenfirmen eine wichtige Voraussetzung.[140]

Normalerweise trägt die Plattenfirma zunächst sämtliche Kosten, die bei der Produktion, dem Marketing und den erste Schritten der Distribution anfallen. Diese Kosten muss der Musiker im Falle des Erfolges an die Plattenfirma zurückzahlen:[141]

---

[137] Es erfolgt hier keine Unterteilung in die Erscheinungsformen des Handels: den Groß- und den Einzelhandel.
[138] Zwar ist diese Unterteilung sehr grob, andere Vergleichswerte waren aber nicht verfügbar.
[139] Vgl. *IFPI (2000):* So wurden in den USA im Jahr 1999 z.B. 87,5% aller Umsätze durch den Handel erwirtschaftet und 11,8% durch den Direktvertrieb (S. 15), in Deutschland gingen sogar knapp 95% des Umsatzes über den Handel (S. 35), in Großbritannien 92% (S.69).
[140] Vgl. *Vogel (1998),* S. 147
[141] Es gibt auch andere Vertragskonstellationen. Vgl. hierzu *Kulle (1998),* S. 160f.

> »Under the standard contract, artists are prevented from owning their original music and, after attaining success, must repay companies for financing their recordings, videos, retail placement and tour support.«[142]

Die Höhe der Kosten kann je nach Aufwand sehr variabel sein. *Vogel (1996)* geht bei den Produktionskosten für ein durchschnittliches Popmusik-Album von 125.000 bis 300.000 US$ aus.[143] Dazu kommen noch Herstellungskosten[144], Marketingkosten in Höhe von 100.000 bis 500.000 US$[145] sowie Distributionskosten. *Alexander (1994a)* gibt an, dass die Produktionskosten für eine kleine Plattenfirma wegen der geringeren Overheadkosten mit 4.000 bis 15.000 US$ bedeutend geringer seien. Dieser extreme Unterschied in den Produktionskosten würde sich jedoch i.d.R. kaum auf die Qualität der Aufnahme auswirken.[146] Von weitaus höheren Kosten wird in einer Beispielrechnungen der Musikindustrie ausgegangen:

> »In the case of one unknown act that received a $750,000 advance, the money was allocated to cover the cost of recording its first album and to provide the group with about $250,000 to live on. [...] The contract required the singers to repay the $750,000 and all other advances from future sales, assuming the album did well, before receiving any royalties. After the artists turned in the finished studio recording, the company invested an additional $2.8 million to roll out a marketing campaign to reach retail stores, radio, musical networks MTV and Black Entertainment Television, which play crucial roles in stimulating music sales.[...] Over the course of a six-month campaign, the company spent an additional $1.2 million for retail product placement, tour support, photo shoots, advertising and radio and TV show appearances to boost the CD.«[147]

---

[142] *Philips (2001)*, S. 2
[143] Vgl. *Vogel (1996)*, S. 145.
[144] Variable Stückkosten von rund 0.75 US$ pro hergestellter CD-Kopie, ebenda, S. 146
[145] Ebenda, S. 146
[146] Vgl. *Alexander (1994a)*, S. 91
[147] *Philips (2001)*, S. 3

Wichtig ist anzumerken, dass in allen angeführten Fällen die Marketingkosten den größten Anteil an den Gesamtkosten ausmachen. Der Anteil der Herstellungskosten hingegen ist besonders bei kleineren Plattenfirmen sehr gering.[148] Diese beiden Merkmale werden in der späteren Untersuchung noch einmal aufgenommen.

Insgesamt erschienen im Jahr 2000 in den USA 6.188 verschiedene Musikalben, von denen gerade einmal 50 mehr als eine Million mal verkauft wurden.[149] Nach Angaben der Musikindustrie sind nur 10 Prozent der jährlich veröffentlichten Alben profitabel.[150] Allerdings sind darunter auch besonders erfolgreiche Hits, aus deren Gewinnen die unprofitablen Projekte finanziert werden.

Wiederholt wurde der Musikindustrie vorgeworfen, ihre Position übertrieben schlecht darzustellen.[151] *Hull (2000)* behauptet sogar, dass deutlich über 20 Prozent der veröffentlichten Alben profitabel seien. Die Berechnungen der Plattenfirmen stützten sich nämlich auf den Break-Even der Künstler, den Moment also, in dem die Musiker aus *ihren* Umsatzanteilen die gesamten vorgeschossenen Kosten zurückbezahlt hätten. Zu diesem Zeitpunkt hätten die Plattenfirmen aber bereits längst Gewinne erzielt, ihr Break-Even sei zu diesem Zeitpunkt schon lange erreicht.[152]

Wie auch immer die durchschnittliche Erfolgswahrscheinlichkeit eines Albums aussieht, über eine Tatsache sind sich die Beobachter einig: Die Mehrheit der Musikveröffentlichungen bleibt am Markt erfolglos, und deren Kosten in der

---

[148] Und sie sind durch digitale Produktionstechniken in den vergangenen Jahren weiter gesunken. Vgl. *Alexander (1994a)*, S. 91

[149] *Philips (2001)*, S. 4; diese Zahl widerspricht allerdings den Angaben der einzelnen Plattenfirmen, die auf S. 45 wiedergegeben werden. Das liegt zum Teil an den unterschiedlichen Bemessungszeiträumen, zum Teil an den unterschiedlich betrachteten Marktabgrenzungen.

[150] Vgl. *Vogel (1998)*, S. 151; *Hull (2000)*, S. 90 und *Philips (2001)*, S. 2

[151] Vgl. *Hull (2000)*, S. 90 und *Dolfsma (2000)*, S. 5

[152] Vgl. *Hull (2000)*, S. 90

Produktion und im Marketing tragen zum Großteil die Plattenfirmen. Bei ihnen liegt also auch der Großteil des wirtschaftlichen Risikos.

Eine besonders wichtige Rolle spielt in der Musikindustrie – wie in vielen anderen Industrien für Informationsgüter - das Copyright. Es wird hier nicht auf die rechtlichen Details oder Unterschiede in nationalen Rechtssystemen bezüglich des Copyrights eingegangen.[153] Vielmehr wird nur kurz und vereinfacht auf die ökonomische Funktion des Copyright hingewiesen[154], da auch nur diese ökonomische Funktion für die Untersuchung wichtig ist.

Demnach ist das Copyright die Grundvoraussetzung für den zu beobachtenden Handel mit Tonträgern. Als ein für Musik auf Tonträgern zeitlich beschränkt vergebenes Monopol sorgt es dafür, dass nur der Musiker selbst und dessen Vertragspartner von der wirtschaftlichen Verwertung seiner Kreation profitieren, dass also nur die vertraglich bevollmächtigte Plattenfirma Kopien der Originalmusik verkaufen darf. Auf der anderen Seite soll es für Ausschließbarkeit im Konsum sorgen, also diejenigen Konsumenten vom Konsum ausschließen, die nicht bereit sind, das verlangte Entgelt zu bezahlen.

2. Struktur der Musikwirtschaft

Von besonderem Interesse für die weitere Analyse ist auch die Industriestruktur der Musikwirtschaft. In der aktuellen Diskussion wird immer wieder behauptet, dass sich diese Struktur in den nächsten Jahren aufgrund der Digitalisierung erheblich verändern werde.[155] Bevor die potenziellen Veränderungen in Kapitel D diskutiert werden, untersucht der folgende Abschnitt zunächst den aktuellen Status Quo.

---

[153] Für eine ausführlichere Untersuchung der juristischen Bedeutung von Copyrights in der Musikindustrie, sowie deren nationale und internationale Ausgestaltung: vgl. u.a. *Kulle (1988)*, S. 31ff..

[154] Die folgende ökonomische Einordnung orientiert sich an *Kulle (1998)*, S. 79ff..

[155] Vgl. *Fisher (2000)*, S. 4

a. Konzentration des Marktes

Die Musikindustrie ist traditionell ein enges Oligopol. In der Industrieökonomie bezeichnet man damit eine Wettbewerbskonstellation, in der wenige Anbieter eine große Marktmacht ausüben und es i.d.R. zu Wettbewerbsverzerrungen kommt.[156] Die Musikindustrie gilt als Beispiel für ein solches enges Oligopol.[157]

Seit ihren Anfängen in den 90er Jahren des 19. Jahrhunderts wurde die Musikindustrie von einigen wenigen Unternehmen dominiert, nur unterbrochen von zwei Übergangszeiten, in denen der Wettbewerb aufgrund technologischer Innovationen vorübergehend anstieg.[158] Heute dominieren fünf weltweit tätige Unternehmen den internationalen Markt für Recorded Music. Diese fünf globalen Plattenfirmen werden auch als die *Major Labels* (im folgenden kurz: *Majors*) oder »*The Big Five*« bezeichnet. Zu ihnen gehören: *Universal Music, BMG, Warner Music, EMI* und *Sony Music*. Abbildung 2 zeigt die weltweiten Marktanteile der »Big Five«. Demnach werden 76 Prozent der weltweiten Umsätze mit Recorded Music von den fünf Major Labels erzielt.

Dieses hohe Maß an Konzentration gilt im übrigen auch für die wichtigsten nationalen Märkte. In Deutschland z.B. kontrollierten die Majors 1997 rund 82 Prozent der gesamten Umsätze der Musikindusrie.[159]

---

[156] Vgl. zum Beispiel *Shepherd (1997)*, S. 80f.
[157] Ebenda, S. 81
[158] Zur Darstellung dieses W-förmigen Verlaufs der Marktkonzentration: vgl. *Alexander (1996b)*, S. 45ff..
[159] Vgl. *Kulle (1998)*, S. 133

Umsatzanteile im Markt für Recorded Music

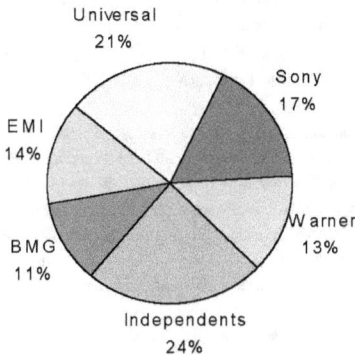

Abbildung 2: Marktanteile am internationalen Markt für Recorded Music im Jahr 2000 (nach Umsätzen, in Prozent), eigene Darstellung, Quelle: Dermühl/Braunschweig (2001), S. 28

Bis auf EMI sind alle Majors Tochterunternehmen von weltweit operierenden Medien- und Entertainmentkonzernen: BMG von *Bertelsmann*, Warner Music von *AOL Time Warner*, Universal Music von *Vivendi Universal* und Sony Music von *Sony*. Sie vereinen in ihrer Unternehmensstruktur häufig noch eine Reihe anderer Unternehmen der Entertainmentindustrie, die der Tonträgerindustrie vor- oder nachgelagert sind, bzw. in einer engen Beziehung zu ihr stehen.

Zu den fünf Majors gehören eine große Anzahl von untergeordneten Labels[160], die meist eigenständig operieren. Zum Teil handelt es sich dabei um Ausgliede-

---

[160] Als Labels werden i.d.R, kleinere Plattenfirmen bezeichnet, die sich vor allem auf die frühen Stufen der Wertschöpfungskette und weniger um die Distribution kümmern. Zu

rungen; die meisten sind jedoch in den letzten Jahren aufgekaufte, vorher wirtschaftlich eigenständige Firmen.[161] Diese Labels stehen aber nur in einem Teil ihrer Aufgaben im Wettbewerb zueinander: bezüglich der Entdeckung und Förderung von neuen Musikern sowie der Aufnahme und Produktion von Musikalben konkurrieren sie i.d.R. miteinander. Die Distribution an ein internationales Netz externer Absatzmittler übernehmen die Majors jedoch häufig zentral. Und diese Aufgabenteilung drückt sich auch in der Marktkonzentration aus:

»An important point [...] is that the figures show significant diversity and lack of concentration when looking at individual labels and much more concentration when looking at the distribution labels. The top five distributing labels had 80 to 89 percent of the albums in the Top 200 in 1993-1997. That represents significant concentration. However if the individual labels function autonomously in terms of A&R and marketing in finding, developing and promoting talent, then there is much less concentration of label power and there should be much more diversity of music to be heard, regardless of who the corporate owner of any individual label might be.«[162]

Neben den fünf Majors und ihren untergeordneten Tochterlabels gibt es noch eine große Anzahl kleinerer Plattenfirmen, die zusammenfassend als die *Independents* bezeichnet werden.[163] Nach den oben angeführten Daten zur Verteilung der Marktanteile[164] erzielen diese *Independents* die verbleibenden 24 Prozent des Gesamtumsatzes. Betrachtet man jedoch die Anzahl der veröffentlichten Titel (nicht nur Alben, sondern auch Singles), so dominieren diesen Bereich i.d.R. die *Independents*.[165] Die wenigen Titel allerdings, die sich millionenfach

---

BMG gehören z.B. fast 200 solche untergeordneten Labels, zu EMI sogar 400. Vgl. *Dermühl/Braunschweig (2001)*, S. 25

[161] Vgl. *Tschmuck (2000)*, S.5

[162] *Hull (2000)*, S. 84

[163] Genau genommen bezieht sich dieser Begriff auf alle Plattenfirmen, die nicht zu den *Majors* gehören. Darunter fallen mitunter auch sehr bedeutende und umsatzstarke Firmen, wie beispielsweise *Disney*

[164] Vgl. *Dermühl/Braunschweig (2001)*, S. 28

[165] Vgl. *Hull (2000)*, S.94

und mehr verkaufen und damit den Großteil der internationalen Umsätze einspielen, erscheinen fast ausnahmslos bei den fünf Majors.[166]

Der horizontale Integrationseifer der Majors ist aktuell etwas gebremst worden. Nachdem die geplante Akquisition von EMI durch Warner Music wegen Einwänden der europäischen Kommission in Brüssel Ende Januar 2001 scheiterte und aus denselben Gründen auch die Fusionsverhandlungen zwischen Bertelsmann und EMI im Mai 2001 abgebrochen wurden, scheint eine Fusion zweier Majors in Zukunft eher unwahrscheinlich. Über die Zukunft von EMI wird derweil aber weiter spekuliert. Auch ein Zusammengehen mit einem der großen verbleibenden *Independents*, wie z.B. Disney oder einem anderen großen Medienunternehmen wie Viacom wäre denkbar.[167]

b. Markteintrittsbarrieren

Die besondere Machtposition der fünf Majors wird durch eine Reihe von Markteintrittsbarrieren gefestigt, die im folgenden erläutert werden. Vereinfacht kann man sagen, dass es zwei Arten von Eintrittsbarrieren gibt: Zum einen treten positive Skaleneffekte (Economies of Scale) in der Distribution und damit Größenvorteile für die Majors auf, zum anderen fallen bei der wirkungsvollen Vermarktung von Musikalben sehr hohe Fixkosten an, die wiederum den Markteintritt für kleinere Firmen erschweren.

Wie bereits im vorangegangenen Abschnitt angeführt, beherrschen die Majors vor allem die Distribution von Recorded Music:

> »Even as recording and manufacturing costs have come down to earth, distribution has continued to be a matter of wresting precious shelf space in streetfront music stores. [...] Thus, even though a potential hit record can now be racked and pressed by almost anyone, the Major Labels have maintained a hammerlock on the channels by which the product reaches the consumer.«[168]

---

[166] Ebenda, S. 94
[167] Vgl. *Anonym (2001b)*, S. 55f
[168] *Brashares (2000)*, S. 2

Und diese Vormachtstellung in der Distribution stellt wohl die höchste Markteintrittsbarriere für potentielle Wettbewerber dar.[169] Die Distribution wird von den Majors wegen der positiven Größeneffekte zentral organisiert. Sie beherrschen wegen ihrer engen Beziehungen zum Handel den Regalplatz und können den Zugang zu den unterschiedlichen Absatzkanälen kontrollieren. Eine national flächendeckende oder gar internationale Distribution ist ohne die Unterstützung der Majors deshalb kaum möglich. *Alexander (1994b)* geht in seiner Analyse der Auswirkungen dieser Marktmacht sogar noch weiter:

> »[...] the remaining (major) distributors can now demand things like exclusivity, special pricing, special dating. Moreover an independent firm utilizing a major firm for distribution may lose contractual control of their roster of artists.«[170]

In der späteren Untersuchung der Effekte der Digitalisierung wird diese Distributionsmacht noch einmal wichtig.

Eine weitere Barriere stellt die Vermarktung der Alben dar. Erstens fallen dabei, unter großer Unsicherheit des Erfolgs, hohe Fixkosten an[171], was insbesondere kleinen Firmen den Zutritt zum Markt erschwert. Zweitens haben die Majors gegenüber neuen Wettbewerbern einen großen Erfahrungsvorsprung darin, Musik am Markt erfolgreich und Musiker zu internationalen Stars zu machen.[172] Hier sei noch einmal auf die besondere Bedeutung der Popularität für die Nachfrage hingewiesen.[173]

---

[169] Vgl. auch *Tschmuck (2000)*, S. 2

[170] Vgl. *Alexander (1994a)*, S. 92

[171] Wie bereits weiter oben angeführt, machen die Marketingkosten mit nicht selten mehr als 500.000 US$ den Großteil der Gesamtkosten eines Musikalbums aus.

[172] Vgl. *King (1999)*, S. 3

[173] Vgl. Kapitel B, Abschnitt III, 1a

c. Produktdifferenzierung

Zwar konkurrieren verschiedene Musiktitel um das Budget und die Aufmerksamkeit der Konsumenten und sind damit trotz ihrer extremen Differenzierung Substitute füreinander. Zudem gibt es starke Ähnlichkeiten zwischen einzelnen Musiktiteln oder Interpreten. Durch die eindeutige Zuteilung von Urheberschutzrechten sind die Plattenfirmen aber bei jeder einzelnen Neuerscheinung Monopolisten, die zumindest nicht direkt durch Preispolitik angegriffen werden können und deren Produkte nicht von anderen Produzenten kopiert werden dürfen.[174]

d. Vertikale Integration

Die vertikale Integration spielt im Fall der Majors eine besonders große Rolle, da sie Tochterunternehmen großer Medienkonzerne sind. Im folgenden wird also von vertikaler Integration nicht nur dann gesprochen, wenn das Major Label selbst vor- oder nachgelagerte Geschäftsfelder besetzt, sondern auch, wenn sein Mutterkonzern in diesen Geschäftsfeldern mit anderen Tochterunternehmen tätig ist.

Die vertikal vorgelagerten Geschäftsfelder sind schwer zu identifizieren: Am ehesten gehören jedoch selbständige A&R Abteilungen dazu, die sich auf das Entdecken von vielversprechenden Musiktalenten spezialisiert haben und auch die Auswahl der kreativen Inputfaktoren (wie Produzenten, Songwriter, Begleitmusiker usw.) bestimmen. Die fünf Majors haben viele eigene A&R-Abteilungen[175], da diese Aufgabe zumeist dezentral von den zahlreichen Unterlabels der Majors übernommen wird. Im weiteren Sinne geht die vertikale Integration in diese Richtung aber noch weiter, denn die Majors haben ihre Künstler häufig für mehrere Jahre und mehrere Alben fest unter Vertrag. Die vertikale Integration geht also schon bis in den zukünftigen Entstehungsprozess einer Melodie hinein. Zum Kerngeschäft der Majors gehören sodann die Produktion der Originalaufnahme, die Herstellung der Tonträger, das Marketing und die er-

---

[174] Vgl. *Silva/Ramello (2000)*, S. 426
[175] Vgl. *Hull (2000)*, S. 85

sten Schritte der Distribution.[176] Independents übernehmen hingegen meistens nur einige dieser Aufgaben und übergeben i.d.R. die Tonträgerproduktion und Distribution an einen der Majors.[177]

Zu den vertikal nachgelagerten Geschäftsfeldern gehören vor allem Sales und Services, also alle Groß- und Einzelhändler sowie der Direktvertrieb.[178] Zumindest EMI verfügt mit den *Virgin-Stores* und *HMV* über ein eigenes Händlernetzwerk. Aber auch BMG, Time Warner und Sony haben den direkten Kontakt zum Endkunden über ihre unterschiedlichen Direktvertriebs-Netze.[179]

Neben diesen vorgelagerten und nachgelagerten Geschäftsfeldern gibt es noch eine Reihe weiterer Geschäftsfelder, die mit der Musikindustrie in enger Beziehung stehen. Auch hier sind die meisten Majors bzw. ihre Mutterkonzerne aktiv. Bertelsmann und AOL Time Warner kontrollieren eigene Magazin- und Buchverlage, Radiostationen, Fernsehsender und Filmproduktionsfirmen. Sony produziert neben Musik nicht nur Film- und Fernsehformate, sondern auch Audio-Abspielgeräte, Videospielkonsolen, Kameras, Videorekorder, Fernsehgeräte und Mobiltelefone. Und auch Vivendi Universal verfügt neben Verlagen, Fernsehsendern und Filmstudios über Computerspiele-Firmen und Mobilfunkbetreiber. All diese Geschäftsfelder bilden hohe Synergiepotenziale für die Vermarktung der eigenen Musik. Und einige Mutterkonzerne haben zudem eigene Merchandising-Sparten, die für die Vermarktung von Stars von Bedeutung sind.

3. Marktverhalten in der Musikwirtschaft

Im folgenden werden die wichtigsten Parameter des Marktverhaltens der Musikindustrie thematisiert: besonderes Augenmerk liegt hierbei auf dem Verhalten der Majors untereinander bzw. gegenüber den Independents bezüglich der Produkt- und Preispolitik. Auf ihr Verhalten gegenüber den vorgelagerten Ge-

---

[176] Vgl. dazu auch Kapitel B, Abschnitt III. 1b
[177] Zur graphischen Veranschaulichung: Vgl. Abbildung 1, S. 51
[178] Vgl. *Hull (2000)*, S. 85
[179] Bertelsmann beispielsweise über seine Buchclubs, in denen neben Büchern auch CDs vertrieben werden.

schäftsfeldern und den daraus resultierenden Vertragskonstellationen sowie gegenüber dem Handel als wichtigstem nachgelagerten Geschäftsfeld wurde schon kurz in Abschnitt 1b dieses Kapitels eingegangen.[180]

Die Produktpolitik der Majors erstreckt sich über die wichtigsten Musikgenres und Marktsegmente. Die Zahl der von ihnen veröffentlichten Titel ist, bezogen auf die einzelnen Tochterlabels, deutlich höher als bei den Independents.[181] *Hull (2000)* erklärt diese hohe Vielfalt so:

> »At the same time a large label must be aware that, because the majority of releases are not likely to produce much profit, the only way to stabilize revenues is to have a large number of releases so that enough of them will make enough profits to support the superstructure.«[182]

Dieses Verhalten entspricht in etwa der Portfoliostrategie aus der Finanzierungstheorie, in der das Investitionsrisiko gestreut und auf unterschiedliche Investitionen verteilt wird. Die Erträge der erfolgreichen Investitionen werden dann zur Quersubvention (sogenannte »cross-subsidy«) der weniger erfolgreichen und zur Finanzierung der allgemein anfallenden Gemeinkosten genutzt. Dieses risikominimierende Verhalten können viele Independents wegen der hohen Kosten pro produziertem und vermarktetem Musiktitel nicht finanzieren.

Die Preispolitik für Recorded Music ist ein Bereich, in dem die Plattenfirmen traditionell eher wenig miteinander konkurrieren. Das liegt vor allem daran, dass sie aufgrund des Copyrights für jede Neuerscheinung als Quasi-Monopolist am Markt auftreten. Verschiedene Musikprodukte sind wegen dieser Schutzrechte und wegen ihrer hohen Produktdifferenzierung also nur sehr begrenzt Substitute füreinander. Ein Preiswettbewerb zwischen den Herstellern ist deshalb nicht sinnvoll. Als Oligopolisten eines engen Oligopols haben die Majors zudem ein gemeinsames Interesse an einem einheitlichen und hohen Preisniveau, von dem

---

[180] Vgl. Kapitel B, S. 32 ff.
[181] Vgl. *Kulle (1998)*, S. 170
[182] *Hull (2000)*, S. 95

sie gegenüber dem Handel normalerweise nicht abrücken. Der Wettbewerb beschränkt sich deshalb, wie bereits erwähnt, eher auf die Produktdifferenzierung und die Vermarktung international erfolgreicher Musiker.

Im Gegensatz zu den Plattenfirmen herrscht unter den Akteuren des nachgelagerten Geschäftsfeldes, also im Handel, reger Preiswettbewerb.[183] Insbesondere die Zunahme großer Einzelhandelsketten und Kaufhäuser hat zu diesem Wettbewerb geführt:

> »Großbetriebsformen des Einzelhandels benötigen ein entsprechend großes Nachfragepotenzial, das i.d.R. das lokale Potenzial übersteigt. Daher werden diese Einzelhandelsformen versuchen, ihr Einzugsgebiet mit einem Verdrängungswettbewerb, den sie mit Hilfe aggressiver Preispolitik führen, auszudehnen.«[184]

Eine Preisuntergrenze bei diesem Preiswettbewerb stellt der Herstellerabgabepreis dar, den die Plattenfirmen, also die Majors und Independents, für ihre Produkte verlangen. Die Verhandlungsmacht des Handels gegenüber den Herstellern ist zwar für populäre Titel wegen des kurzen Lebenszyklus der Nachfrage sehr gering. Generell ist der Erfolg der Plattenfirmen jedoch von einer effizienten, schnellen und lückenlosen Distribution abhängig.

4. Marktergebnis in der Musikwirtschaft

Zur Beurteilung des Marktergebnisses einer Industrie werden meist die Umsätze und Gewinne der beteiligten Unternehmen untersucht. Abbildung 3 zeigt die Ergebnisse der fünf Majors im Geschäftsjahr 2000.

Die Aussagekraft dieser Vergleichswerte ist jedoch nicht sehr hoch, da insbesondere über die Investitionen und Einzelheiten der Kosten zu wenig Informationen verfügbar waren. Bemerkenswert ist allerdings der hohe Unterschied der

---

[183] Vgl. *Belinfante/Johnson (1982)*, S. 12
[184] Vgl. *Kulle (1998)*, S. 185

Umsatzrenditen.[185] Das könnte ein Indiz für das hohe Erfolgsrisiko der Plattenfirmen sein. Ein Zusammenhang zwischen der Umsatzrendite und den erfolgreichen Alben lässt sich allerdings nur vermuten, eine offensichtliche Korrelation besteht insbesondere wegen der Werte von Warner Music nicht.

Marktergebnis der „Big Five" im Geschäftsjahr 2000

Major Label	Umsatz (in Mrd.)	Ergebnis	Umsatzrendite[6]	Hitalben[3]
EMI[4]	Pfund 2,386	Pfund 0,348 [1]	15%	30
Universal Music[5]	Euro 6,613	Euro 1,157 [1]	17%	67
Sony Music[4]	US$ 4,897	US$ 0,164 [1]	3%	21
BMG[4]	Euro 4,823	Euro 0,223 [2]	5%	28
Warner Music[5]	US$ 4,148	US$ 0,518 [1]	12%	17

[1] Ergebnisberechnung nach EBITDA-Standard, also Earnings before Interests, Taxes, Depreciation and Amortization
[2] Ergebnisberechnung nach EBITA-Standard, also Earnings before Interests, Taxes and Amortization
[3] mit mehr als einer Million verkauften Einheiten
[4] Geschäftsjahr bis zum 31. März 2000
[5] Geschäftsjahr bis zum 31. Dezember 2000
[6] jeweils die EBITDA-Umsatzrendite bzw. die EBITA-Umsatzrendite bei BMG

Abbildung 3:   *Marktergebnisse der fünf Majors im Geschäftsjahr 2000; Eigene Darstellung; Quelle: Geschäftsberichte, erhältlich über die Internetseiten der Plattenfirmen*

Außerdem soll hier kurz auf die vermutete Höhe von Herstellermargen bei CD-Alben und auf die Umsatzentwicklung der letzten Jahre eingegangen werden: Die Herstellungskosten für eine Albumkopie im marktdominierenden Tonträgerformat der CDs betragen nach Angaben von *Vogel (1998)* rund 0.75 US$. Für die Plattenfirmen ergeben sich in ihrer Preiskalkulation noch eine Reihe anderer Stückkosten. *Hull (2000)* schlägt für die USA folgende Zahlen für die aus der Stückkostenrechnung resultierende Marge der Plattenfirmen vor[186]:

---

[185] Die Vergleichbarkeit ist jedoch wegen der unterschiedlichen Ergebnisberechnungen begrenzt.
[186] Vgl. *Hull (2000)*, S. 90

Preis für den Endkonsumenten	**15.98 US $**
Händlermarge	5.48 US $
Händlerabgabepreis:	10.50 US $
Herstellungskosten:	1.00 US $
Musiker- und Produzentenabgaben:	2.00 US $
Andere Abgaben	0.70 US $
Distributionskosten	1.50 US $
Netto-Marge der Hersteller	**5.30 US $**

Die anfallenden Gemeinkosten für Marketing, Produktion und Verwaltung sind noch nicht berücksichtigt. Und so erscheint die Marge mit über 50 Prozent des Händlerabgabepreises sehr hoch. *Vogel (1998)* erinnert in seiner sehr ähnlichen Darstellung daran, dass sich aber nur ein Bruchteil aller Musiktitel mit dieser Marge ausreichend oft verkaufen lässt.[187] Und diese zehn bis zwanzig Prozent aller Titel[188] müssen ausreichende Gewinne generieren, um die angefallenen Verluste der Mehrheit zu finanzieren.

Der Umsatz mit Recorded Music hat in den letzten sechs Jahren auf einem Niveau von knapp 40 Milliarden Dollar stagniert und ist zuletzt sogar rückläufig gewesen. Während in den späten 80er und frühen 90er Jahren wegen des Markterfolgs von CDs zweistellige Wachstumsraten erzielt wurden, fiel der weltweite Umsatz im Jahr 2000 im Vergleich zum Vorjahr um 1,3 Prozent.[189] Die USA verzeichneten einen Umsatzrückgang von 1,8 Prozent, in Europa war hingegen ein leichter Zuwachs von 1,4 Prozent zu beobachten. Trotz ihrer internationalen Marktmacht gelang es den Majors bisher nicht, den Gesamtmarkt für Recorded Music auszubauen und den rückläufigen Trend aufzuhalten.

---

[187] Vgl. *Vogel (1998)*, S. 146
[188] Vgl. Kapitel B, S. 35
[189] Vgl. *IFPI (2001a)*, S.1

Im letzten Jahr war die Entwicklung sogar noch schlechter: weltweit fielen die Umsätze 2001 um weitere 5 Prozent auf 33,7 Milliarden USD.[190] In den nationalen Märkten fielen die Umsätze um 4,5 Prozent in den USA und 9,6 Prozent in Canada, um 9,2 Prozent in Deutschland, 8,6 Prozent in Italien und 9,4 Prozent in Japan.[191] Einzig die Märkte Frankreich und Großbritannien verzeichneten ein Umsatzplus.[192]

Für diesen Trend gibt es eine ganze Reihe Erklärungsansätze: Jay Berman, Vorsitzender der Interessenvertretung IFPI argumentiert zum Beispiel:

»In 2001 the recording industry was caught in a perfect storm, buffeted by the combined effects of mass copying and piracy, competition from other products and economic downturn. The industry's problems reflect no fall in the popularity of recorded music: rather, they reflect the fact that the commercial value of music is being widely devalued by mass copying and piracy.«[193]

Auch andere Vertreter der Musikindustrie führen das zunehmenden unautorisierte Kopieren von digitalen Musikdateien als Hauptgrund für die Umsatzeinbußen an. Diese Sichtweise geht davon aus, das unautorisierte Kopien substitutiv konsumiert werden und die Nachfrage nach autorisierten Tonträgern verdrängen. Kritiker der Musikindustrie werfen ihr hingegen vor, diesen Effekt aus lobbyistischen Motiven übertrieben darzustellen. Sie führen ganz andere Argumente, wie eine zunehmende Ideenlosigkeit der Plattenfirmen und einen Qualitätsverlust der Neuerscheinungen als wichtigste Gründe der Krise an. Sie bezeichnen unautorisierte Musikkopien teilweise sogar als Komplementäre, die die Nachfrage nach autorisierten Kopien sogar noch verstärkt. Ob es überhaupt eine Interdependenz zwischen beiden Konsumformen gibt und wie diese Beziehung aussieht, wird auf Basis der mikroökonomischen Theorie im folgenden Kapitel untersucht.

---

[190] *Vgl. IFPI (2002), S. 1*

[191] *Ebenda, S. 1*

[192] *Ebenda, S. 1*

[193] Vgl. *IFPI (2002)*, S.1

C. Ökonomische Theorie zum unautorisierten Kopieren

Nachdem im vorangegangenen Kapitel die industrieökonomische Sichtweise auf die Musikwirtschaft dargestellt und wichtige Besonderheiten dieser Industrie herausgearbeitet wurden, geht es in diesem Kapitel um die anfangs gestellte Frage, ob die zunehmende Digitalisierung, die ganz offensichtlich eine erhöhte Piraterie[194] nach sich zieht, der Tonträgerindustrie tatsächlich schadet. Ob es also eine negativen Zusammenhang zwischen dem Konsum unautorisierter Musikdateien und dem Umsatz mit autorisierten Tonträgern gibt. Im folgenden wird gezeigt, dass eine Reihe von Ökonomen sogar gegenteilig behaupten, dass unautorisiertes Kopieren unter bestimmten Annahmen allgemein die Gewinne der Hersteller von Informationsgütern erhöhen kann. Daraus resultiert die Frage, ob die Hersteller überhaupt einen Kopierschutz bemühen sollten und wenn, welchen optimalen Kopierschutz die Hersteller wählen sollten, um die eigenen Gewinne zu maximieren. Sollen sie unautorisiertes Kopieren verhindern oder etwa gänzlich und uneingeschränkt zulassen?

Zur Beantwortung wird im folgenden ersten Abschnitt ein Überblick über die wichtigste Literatur zur ökonomischen Theorie des unautorisierten Kopierens gegeben und das Basismodell von *Takeyama (1994)* beschrieben und diskutiert. Die industriespezifischen Erkenntnisse aus Kapitel B werden genutzt, um die meist allgemein formulierten Modellansätze kritisch bezüglich ihrer Anwendbarkeit auf die Musikwirtschaft zu untersuchen. Abschnitt zwei stellt zwei Ansätze zur theoretischen Diskussion vor, die extra für die vorliegende Arbeit entwickelt wurden und Abschnitt drei fasst die gewonnenen Erkenntnisse des Kapitels zusammen.

Im folgenden wird davon ausgegangen, dass der Kopierschutz von den Plattenfirmen unterschiedlich hoch gewählt werden kann: entweder in Form eines »Zero Tolerance« Kopierschutz-Regimes, bei dem Kopieren ausgeschlossen wird

---

[194] Vor allem - wie in Kapitel A dargestellt - durch eine Ausweitung des Privaten Kopierens durch Filesharing-Programme über Computernetzwerke wie das Internet.

und überhaupt keine Kopien mehr existieren können, in Form eines »liberalen« Kopierschutz-Regimes, bei dem lediglich das Ausmaß der Reproduzierbarkeit begrenzt ist und in Form eines vollkommen beseitigten Kopierschutzes, bei dem die Reproduzierbarkeit in keiner Weise eingeschränkt wird.[195]

I. Literaturüberblick zur ökonomischen Theorie

Wie bereits in Kapitel A angedeutet ist die grundlegende Problematik, die sich durch die zunehmende illegale Reproduktion von Musik ergibt, nicht neu. Sie ist zudem eng verbunden mit der ökonomischen Untersuchung von alternativen Formen der Mitbenutzung von geistigem Eigentum durch Nichtkäufer. Dazu gehört zum einen die gemeinsame Nutzung in Gruppen (*Sharing*)[196], das Verleihen (*Renting*)[197] sowie Weiterverkaufen von gebrauchten Gütern (Gebraucht-Märkte).[198] Im folgenden werden nur die wichtigsten Strömungen der Literatur kurz zusammengefasst und diskutiert.

1. Darstellung der grundsätzlichen Problematik

Zunächst befasste sich die Literatur vor allem mit dem Markt für wissenschaftliche Journale und der Bedeutung von Bibliotheken.[199] *Ordover/Willig(1978)* beschrieben in ihrem wegweisenden Artikel zur gemeinsamen Nutzung von Journalen das Problem aus wohlfahrtsökonomischer Sicht. Dabei geht es ihnen zwar eigentlich um die gemeinsame Nutzung in Bibliotheken, das Kopieren wird aber bereits explizit beschrieben. Für die Hersteller und deren Produzentenrente stellt sich das Problem folgendermaßen dar: Bis zur Einführung von Ko-

---

[195] Diese Annahme vernachlässigt eine Reihe von Kosten: Der gewählte Kopierschutz muss muss sich neben seiner Sicherheit auch durch eine unkomplizierte Anwendung und einen hohen Kompatibilitätsgrad bei den verschiedenen Abspielgeräten auszeichnen. Die Entwicklungskosten dafür sind sehr hoch.

[196] Vgl. *Bakos/Brynjolfsson/Lichtman (1999)*

[197] Vgl. *Varian (2000)*

[198] Vgl. *Swan (1972)*

[199] Als Anlass zur Beschäftigung mit diesem Thema diente sicherlich die starke Verbreitung von Kopiermaschinen in den frühen 70er Jahren.

piermöglichkeiten[200] existiert nur ein privater Markt für Journale. Der Marktpreis teilt die Nachfrager in Käufer und Nichtkäufer. Durch die Einführung von Kopiermöglichkeiten entsteht ein zweiter, öffentlicher Markt, in dem ein inferiores Gut, die Kopie, zu einem geringeren Preis[201] angeboten wird. Ein Teil der bisherigen Nichtkäufer wird nun zu Käufern auf diesem zweiten Markt.[202] Die Gefahr für den Hersteller besteht darin, dass auch bisherige Käufer des ersten Marktes für Originale zu Konsumenten des zweiten Marktes für Kopien werden.

Dies entspricht der grundsätzlichen Sorge, die von der Musikwirtschaft hinsichtlich der Digitalisierung immer wieder geäußert wird: Dass die bisherigen Käufer von Originalprodukten durch die neuen technologischen Möglichkeiten der Reproduktion und Verteilung zu Nachfragern unautorisierter Kopien werden und keine Originale mehr kaufen.

An dieser Stelle setzen verschiedene ökonomische Theorien an, die behaupten, dass unter bestimmten Annahmen der negative Effekt für den Produzenten durch weitere positive Effekte aufgewogen wird, dass unautorisiertes Kopieren – entgegen den Warnungen der Industrievertreter – sich im Ganzen also positiv auf ihre Gewinne auswirkt. Die verschiedenen Ansätze lassen sich zwei Gruppen zuordnen, die im folgenden genauer beschrieben werden: die Theorie der *Indirect Appropriability* und die Theorie der positiven Netzwerkexternalitäten.

2. Theorie der *Indirect Appropriability*

Eine Möglichkeit, den negativen Effekt von unautorisierter Kopiertätigkeit auszugleichen, sehen *Ordover/Willig (1978)* in der Preisdiskriminierung ersten Grades über verschiedene Nachfragergruppen auf dem ersten Markt.[203] Bibliotheken zahlen als Kollektivnutzer demnach einen höheren Preis, Einzelnutzer einen niedrigeren - ein Bibliotheksexemplar, das von vielen einzelnen Nutzern gelesen wird, kostet mehr als ein privates Exemplar, das nur von einigen weni-

---

[200] Bzw. der kostengünstigeren Nutzung von Journalen in Bibliotheken.
[201] Dieser „Preis" kann auch aus höheren Transaktionskosten der Kopie bestehen.
[202] Indem sie beispielsweise als Bibliotheksnutzer das Journal kopieren.
[203] Vgl. *Ordover/Willig (1978)*, S 328f

gen gelesen wird.[204] Die Argumentation geht dabei von der Annahme aus, dass die Zahlungsbereitschaft einer Bibliothek mit steigender Nutzung bzw. Kopiertätigkeit seiner Mitglieder zunimmt.[205]

Ordover/Willig (1978) legen mit ihrer theoretischen Darstellung das Fundament für die sich anschließende ausführliche Literatur zur sogenannten *Indirect Appropriability* von *Novos/Waldman (1984), Johnson (1985), Liebowitz (1985), Besen (1986)* und *Besen/Kirby (1989).*[206] Diese Autoren gehen davon aus, dass der Hersteller von Originalen seine Gewinne steigern kann, wenn er unautorisiertes Kopieren zulässt, den Käufern von Originalen die marginale Zahlungsbereitschaft der Kopierer aber zusätzlich zum Originalpreis in Rechnung stellt. Der Preis für das Original steigt also durch die indirekte Nutzung der Kopierer, was zu dem Begriff *Indirect Appropriability* geführt hat, den erstmalig *Liebowitz(1985)* verwendet.[207] Dieser Ansatz geht davon aus, dass die Nachfrage nach Originalen indirekt auch die Nachfrage nach Kopien wiederspiegelt.

Novos/Waldman (1984), Johnson (1985) und Besen (1986) untersuchen die sekundären Märkte für Kopien vor allem aus wohlfahrtsökonomischer Sicht. Diese Betrachtung wird im folgenden nicht weiter verfolgt, denn aufgrund der anfangs beschriebenen Problemstellung geht es hier ausschließlich um die Sicht der Anbieter von Informationsgütern und nicht um die wohlfahrtsökonomischen Implikationen. *Liebowitz (1985)* analysiert etwas genauer die einzelnen Determinanten für das ökonomische Zusammenspiel der zwei unterschiedlichen Märkte. Ihm zufolge hängt der Effekt von unautorisiertem Kopieren weitgehend von der relativen Marktgröße für Originale und Kopien, der Ähnlichkeit oder Substituierbarkeit von Original und Kopie, der Anzahl von Kopien, die von einem Original gemacht werden können, und von den Betriebskosten der Märkte

---

[204] Meist nur vom Käufer selbst oder von den Individuen seines näheren sozialen Umfeldes.

[205] Da sie so höhere Mitgliedsbeiträge verlangen kann oder neue Mitglieder anzieht.

[206] *Watt (2000)* bezeichnet diese Artikel in seiner Literaturübersicht als die eigentliche Literatur zur Ökonomie des Kopierens, Vgl. *Watt (2000),* S. 30

[207] Vgl. *Liebowitz (1985), S.822 ff.*

für Originale und Kopien ab. Diese Abhängigkeiten werden in der folgenden Analyse wieder auftauchen.

Eng verknüpft mit der Literatur zur *Indirect Appropriability* sind die Artikel zum *Sharing* und *Renting* von *Bakos/Brynjolfsson/Lichtman (1999)* und *Varian (2000)*. *Bakos/Brynjolfsson/Lichtman (1999)* führen an, dass das Kopieren oder gemeinsame Nutzen von Originalen in kleinen sozialen Gruppen durchaus positiv für den gewinnmaximierenden Produzenten sein kann. So führt das *Sharing* durch *Indirect Appropriability* nicht nur zu höheren Preisen für das Original[208], sondern in bestimmten Konstellationen zudem zu einer Glättung der unterschiedlichen Zahlungsbereitschaften. Dabei gehen die Autoren im Gegensatz zu *Liebowitz (1985)* und *Besen (1986)* jedoch nicht davon aus, dass jeder Konsument den gleichen Preis für eine Kopie bezahlt, sondern dass die Zahlungsbereitschaft einer Gruppe immer der Summe der verschiedenen Zahlungsbereitschaften ihrer Mitglieder entspricht.[209] Und bei bestimmten Gruppenkonstellationen[210] kann das zu höheren Umsätzen führen, da sie den Produzenten ermöglichen, die unterschiedlichen Zahlungsbereitschaften differenzierter abzuschöpfen. *Varian (2000)* stellt fest, dass der Produzent von Informationsgütern generell weniger Originale zu einem höheren Preis verkauft, wenn die Möglichkeit zum Leihen oder Kopieren besteht.[211] Diese Situation wäre aber für den Hersteller profitabler, wenn entweder die Transaktionskosten des Verleihens geringer sind als die marginalen Herstellungskosten des Originals (wie im Fall von Pkw-Vermietungen), wenn die Transaktionskosten des Leihens gering sind und jeder Konsument die Güter nur sehr selten oder sogar nur einmalig nutzt (wie im Fall von Videotheken) und wenn eine trennscharfe Segmentierung der gesamten Nachfrage nach Nutzern mit einer hohen- und Nutzern

---

[208] Wie das bereits aus früheren Arbeiten zur *Indirect Appropriability* ersichtlich wird.

[209] Vgl. *Bakos/Brynjolfsson/Lichtman (1999)*, S. 125

[210] Z.B. bei gleich großen Gruppen und hoher Variabilität der individuellen Zahlungsbereitschaften. Vgl. *Bakos/Brynjolfsson/Lichtman (1999)*, S. 123

[211] *Varian (2000)* macht in seinen Ausführungen kaum einen Unterschied bezüglich der Mitnutzung durch Nichtkäufer, wie Renting, Sharing oder Copying.

mit einer niedrigen Zahlungsbereitschaft und damit eine Preisdiskriminierung ersten Grades möglich ist.[212]

Allgemeiner Ausgangspunkt dieser verschiedenen Ansätze ist, dass der Produzent die Kontrolle über das unautorisierte Kopieren behält. Nur dann stellt sich unter Umständen ein gewinnsteigernder Effekt für ihn ein. *Indirect Appropriability* setzt voraus, dass der Hersteller die Konsumenten, die ihre Originale zusätzlichen Nutzern leihen, kopieren oder anderweitig zur Verfügung stellen, identifizieren kann, ohne dass dafür hohe Kosten anfallen. Die Anzahl der Kopien, die von einem Original angefertigt werden, muss möglichst gering, dem Hersteller aber zumindest bekannt sein. Der Qualitätsunterschied und die Substituierbarkeit zwischen Original und Kopie muss gemessen werden, die Größe und Heterogenität der kopierenden Gruppen muss geschätzt werden. Kurzum: der Einfluss des unautorisierten Kopierens muss beherrschbar sein.

Doch genau diese Kontrollierbarkeit ist im Falle der Digitalisierung äußerst fragwürdig. Ein großer Unterschied zu den in der Literatur behandelten Fällen besteht darin, dass es in digitalisierter Form keine erkennbaren Qualitätsunterschiede zwischen Original und Kopie gibt.[213] Sowohl Original als auch Kopie eignen sich gleichermaßen als Vorlage für eine unbegrenzte Anzahl weiterer Kopien. Wird also ein Musiktitel in digitalisierter Form nicht mit einem technischen Kopierschutz versehen und ist via Filesharing über das Internet frei zugänglich, so erfüllt er die Rolle einer Bibliothek im Sinne von *Ordover/Willig (1978)* - unabhängig davon, ob es sich dabei um ein Original oder eine Kopie handelt. Und mit dem großen Unterschied, dass diese Bibliothek mit einem Internetanschluss von der ganzen Welt zu jeder Zeit und beliebig oft zugänglich ist. Das bedeutet aber weiter, dass der Verkauf nur eines einzigen Originals theoretisch ausreichen würde, um exponentiell die gesamte Nachfrage mit Kopi-

---

[212] Vgl. *Varian (2000)*, S. 485f
[213] Vgl. Kapitel A, S. 9

en zu versorgen.[214] Dieser Extremfall führt das Prinzip der *Indirect Appropriability* ad absurdum.

Zumindest ist es schwierig, im Sinne von *Ordover/Willig (1978)* und anderen, diejenigen Käufer zu identifizieren, die ihre Originale auch Nichtkäufern zum Kopieren zur Verfügung stellen und von ihnen einen höheren Preis zu verlangen. Bei fehlendem Kopierschutz müssten die Hersteller konsequenterweise für alle Konsumenten den Preis erhöhen, was wiederum zu einer Ausweitung des unautorisierten Kopierens führen würde. Diese Feedback-Schleife hätte schließlich zum Ergebnis, dass bei konsequenter Rückextrapolation nur ein einziges Original verkauft würde, dessen Preis der Summe aller individuellen Zahlungsbereitschaften entspricht. Dieses Ergebnis ist unrealistisch.

Auch die Argumentation von *Bakos/Brynjolfsson/Lichtman (1999)* trifft nur unzureichend auf die Musikwirtschaft zu. Sie gehen in ihren Untersuchungen von kleinen Gruppen aus, in denen Piraterie in Form von »Private Copying« auftritt, was den angenommenen kollektiven Kaufentscheidungsprozess realistisch erscheinen lässt. In den unübersichtlichen und dezentral organisierten Filesharing-Gemeinschaften ist es aber unwahrscheinlich, dass ein kollektiver Gleichgewichtspreis aus den Zahlungsbereitschaften aller Mitglieder hervorgeht, ob nun explizit oder implizit. Zudem trifft keines der vier speziellen Szenarien nach *Varian (2000)* zu, die weiter oben aufgezählt wurden.

Das Prinzip der *Indirect Appropriability* und der damit eng verbundenen anderen Ansätze aus der *Sharing*- und *Renting*-Literatur erscheint auf die aktuellen Märkte für digitale Musik also nicht oder nur schwer anwendbar. Könnte die Musikindustrie die Kopierbarkeit allerdings besser kontrollieren, so ließe sich gemäß der *Indirect Appropriability* auch im Fall der digitalen Distribution eine gewinnsteigernde Möglichkeit annehmen. Bspw. könnten technologisch manipulierte Originale verkauft werden, die sich genau n-mal kopieren ließen und de-

---

[214] Unter der Annahme, Original und Kopie sind tatsächlich identisch und alle Nachfrager haben per Internet einfach und kostengünstig Zugang zu der Originaldatei oder einer ihrer zahlreichen digitalen Kopien.

ren Preis höher wäre als für Originale, die nicht kopierfähig wären.[215] Genau so könnten Originale angeboten werden, die nur n-mal gehört werden könnten, sich danach aber selbst löschen. Mit diesen und ähnlichen Produktinnovationen und einer entsprechenden Preispolitik könnten die Hersteller nicht nur die Effekte des unautorisierten Kopierens kontrollieren, sondern durch Preisdiskriminierung bzw. *Indirect Appropriability* ihre eigenen Gewinne erhöhen. Solange jedoch der offene und unkontrollierbar kopierfähige Standard MP3 dominiert, werden die Effekte der *Indirect Appropriability* die Verluste aus Raubkopien kaum relativieren können. Allgemein legt dieser Ansatz die Schlussfolgerung nahe, dass Plattenfirmen im Fall der Kontrollierbarkeit einen liberalen Kopierschutz wählen würden. Wenn die Kontrollierbarkeit nicht möglich wäre, jedoch ein »Zero-Tolerance« Regime, auf keinen Fall aber überhaupt keinen Kopierschutz.

Liebowitz/Singer (2001) führen noch eine andere mögliche Anwendung der Indirect Appropriability an[216]: eine Gebühr auf Kopiertechnik oder Trägermedien wie bespielbare CDs, die für das unautorisierte Kopieren benötigt werden. Diese Abgabe wäre zwar nur indirekt mit dem Kopiervorgang verbunden, könnte jedoch auch dazu verwendet werden, die Urheber für das unautorisierte Kopieren zu entschädigen. Zugleich würde eine solche Maßnahme die Kopierkosten anheben und unautorisiertes Kopieren unattraktiver machen.

3. Theorie der positiven Netzwerkeffekte

Es gibt noch eine zweite Gruppe von Autoren wie *Nascimento/Vanhonacker (1988)*, *Conner/Rumelt (1991)*, *Takeyama (1994, 1997)*, *Slive/Bernhardt (1998)* und *Shy/Thisse (1999)*, die behaupten, Piraterie könnte einen positiven Nettoeffekt auf die Gewinne der Produzenten von Informationsgütern haben. Sie argumentieren, dass der zunehmende Konsum von unautorisierten Kopien die Zahlungsbereitschaft der Käufer von Originalen erhöhen kann.[217] Diesen Effekt bezeichnen sie im Sinne der Netzwerk-Literatur von *Farrell/Saloner (1985)*,

---

[215] Ein identisches Produkt in verschiedenen Versionen anzubieten wird auch „Versioning" genannt. Auf diese Möglichkeit des Herstellers wird später noch ausführlicher eingegangen. Vgl. Kapitel D, S. 83

[216] Vgl. *Liebowitz/Singer (2001)*, S. 6 und S. 11

Katz/Shapiro (1985) und Besen/Farrell (1994) als eine positive Netzwerkexternalität bzw. als einen positiven Netzwerkeffekt der Nachfrage.[218] Dabei betrachten Sie die Informationsgüter als Dienste, die im engen Zusammenhang mit sogenannten Netzwerken[219] stehen. Ein positiver Netzwerkeffekt liegt gemäß *Katz/Shapiro (1985)* immer dann vor, wenn der Nutzen, der durch den Konsum eines Gutes gestiftet wird, mit der Anzahl der anderen Nutzer des gleichen oder kompatiblen Gutes ansteigt.[220] Diesen Effekt erkennen die oben genannten Autoren auch bei der Nutzung von Informationsgütern. In ihren Ausführungen wenden sie also die Theorie der Netzwerkökonomie auf das Problem des optimalen Kopierschutzes an.

Die erste ausführliche Untersuchung zum Zusammenhang zwischen optimalem Kopierschutz und positiven Netzwerkeffekten stammt von *Conner/Rumelt (1991)* und bezieht sich auf die Softwareindustrie.[221] Für den positiven Netzwerkeffekt der Nutzerbasis ist es gemäß ihren Ausführungen nicht wichtig, ob es sich bei den Nutzern um Käufer von Originalen oder um Konsumenten unautorisierter Kopien handelt. Ein geringer Kopierschutz ist für den Produzenten die optimale Entscheidung, wenn der Kopierschutz keine positive Auswirkung auf die Nachfrage nach Originalen hat und gleichzeitig positive Netzwerkeffekte

---

[217] Vgl. *Conner/Rumelt (1991)*, S. 125; *Takeyama (1994)*, S. 155

[218] In der Literatur werden beide Begriffe häufig synonym für einander benutzt, obwohl ihre Bedeutung eigentlich unterschiedlich ist. Für eine genaue Abgrenzung: siehe *Liebowitz/Margolis (1994)*, S. 135ff.

[219] Gemäß *Economides (1996)* sind Netzwerke allgemein „... composed of links that connect nodes. It is inherent in the structure of a network that many components of a network are required for the provision of a typical service" (S. 674); Telekommunikationsnetze, Computer- und Verkehrsnetze gelten als typische Beispiele für solche Netzwerke. Vgl. ebenda, S. 675f.

[220] Die Autoren identifizieren drei Ursachen solcher positiven Netzwerkeffekte: 1. den direkten physischen Effekt, den die Käuferanzahl auf die Qualität des Netzwerkgutes hat (z.B bei Telefonanschlüssen), 2. den indirekten Effekt, den die Käuferanzahl auf die Vielfalt der angebotenen Komplementärgüter des Netzwerk-gutes hat (z.B. die Hardwareverbreitung auf das dazu passende Softwareangebot) und schließlich (3) den indirekten Effekt, den die Käuferanzahl auf Qualität und Quantität der mit dem Gut verbundenen Serviceleistungen hat (z.B. Reparatur- und Wartungsleitungen). Vgl *Katz/Shapiro (1985)*, S. 424

[221] Fast alle Artikel beschäftigen sich mit der Softwareindustrie, in der positive Netzwerkeffekte im Sinne von *Katz/Shapiro (1985)* besonders deutlich beobachtbar sind.

existieren. Ein geringer Kopierschutz führt dann nicht zu Absatzausfällen[222], sondern erhöht sogar durch die steigende Nutzerbasis die Zahlungsbereitschaft der Käufer und damit den Gesamtumsatz der Produzenten. Vice versa ist ein hoher Kopierschutz dann optimal, wenn nur geringe Netzwerkeffekte existieren und der Kopierschutz einen positiven Effekt auf die Nachfrage nach Originalen hat, Konsumenten ansonsten unautorisierter Kopien also wegen des Kopierschutzes zu Käufern werden.

Takeyama (1994) geht in ihrem Modell noch etwas weiter und zeigt, dass auch, wenn alle Konsumenten von Kopien durch einen hohen Kopierschutz zu Käufern von Originalen würden, also im Sinne von *Conner/Rumelt (1991)* der Kopierschutz positive Auswirkungen auf die Nachfrage nach Originalen hat, der Gewinn des Produzenten bei geringem Kopierschutz trotzdem höher ist. Ihr Modell wird im folgenden etwas genauer vorgestellt:

Das Modell geht von zwei Gruppen von Konsumenten aus, die jeweils eine komplett unelastische Nachfrage für das Gut X haben, die durch ihre maximale Zahlungsbereitschaft $V(N)$ gegeben ist. Die Gruppe N^H hat eine hohe maximale Zahlungsbereitschaft $V^H(X)$, die Gruppe N^L eine niedrige $V^L(X)$. Die Zahlungsbereitschaft ist zudem wegen des positiven Netzwerkeffekts positiv abhängig von der Anzahl der Gesamtnutzer N, es gilt also $dV/dN > 0$. Für den Monopolfall mit Grenzkosten der Produktion c wird unter maximalem Kopierschutz nun das Gewinnmaximum berechnet. Zwei Fälle werden unterschieden: Der Monopolist kann entweder als Marktpreis die maximale Zahlungsbereitschaft der ersten Gruppe $V^H(N^H)$ wählen, so dass nur die erste Gruppe das Gut kauft, oder er kann als Preis die maximale Zahlungsbereitschaft der zweiten Gruppe unter Berücksichtigung des positiven Netzwerkeffektes $V^L(N^H+N^L)$ wählen, zu dem beide Gruppen das Gut kaufen. Für die Entscheidungen der Gruppen ist ausschlaggebend, ob der gewählte Preis kleiner oder gleich ihrer maximalen Zahlungsbereitschaft ist. Für die Gewinne des Monopolisten ergibt sich für diese beiden Fälle:

---

[222] Käufer kaufen weiterhin Originale und werden nicht zu Konsumenten unautorisierter Kopien.

Fall 1:   Maximaler Kopierschutz, hoher Preis, nur Gruppe N^H kauft

(1) $\Pi^H = N^H [V^H (N^H) - c]$

Fall 2:   Maximaler Kopierschutz, niedriger Preis, beide Gruppen kaufen

(2) $\Pi^L = (N^H + N^L) [V^L (N^H + N^L) - c]$

Je nach den marginalen Produktionskosten c, dem Größenverhältnis zwischen den beiden Nachfragegruppen und ihren maximalen Zahlungsbereitschaften entscheidet sich der Monopolist für einen der beiden Preise.

Als nächstes wird das Szenario untersucht, in dem unautorisiertes Kopieren zugelassen wird. Die Kopie hat eine schlechtere Qualität als das Original, die maximale Zahlungsbereitschaft für eine Kopie entspricht also immer nur einem Bruchteil der maximalen Zahlungsbereitschaft für ein Original: $\alpha V(N)$, wobei α (mit $0 < \alpha < 1$) den Qualitätsunterschied bzw. die Substituierbarkeit zwischen Original und Kopie beschreibt. Beide Konsumentengruppen können sich nun also für den Kauf eines Originals mit dem Preis P^O, für den Konsum einer Kopie zum Preis P^C oder gegen beide Arten des Konsums entscheiden. Wieder werden für die unterschiedlichen Szenarien die maximalen Gewinne des Monopolisten bestimmt.

Fall 3:   Kein Kopierschutz, hoher Preis Gruppe N^H kauft, Gruppe N^L kopiert

(3) $\Pi^H_c = N^H [(1-\alpha) V^H (N^H + N^L) + P^C - c]$

Fall 4:   Kein Kopierschutz, niedriger Preis, beide Gruppen kaufen

(4) $\Pi^L_c = (N^H + N^L) [(1-\alpha) V^L (N^H + N^L) + P^C - c]$

Welcher Fall ist aus Sicht des Monopolisten optimal? Wenn der Monopolist nur an die Gruppe mit der hohen Zahlungsbereitschaft verkaufen will, also einen hohen Preis wählt (***Fall 1*** und ***Fall 3***), so ist sein Gewinn dort am höchsten, wo er einen höheren Preis für Originale verlangen kann. Bei stark positivem Netzwerkeffekt ($V^H(N^H + N^L) >> V^H(N^H)$) und großen Qualitätsunterschieden ($\alpha \approx 0$) maximiert der Monopolist seinen Gewinn, wenn er einen geringen Kopierschutz wählt (*Fall 3*). Sind die Qualitätsunterschiede jedoch gering ($\alpha \approx 1$) und der positive Netzwerkeffekt eher schwach ($V^H(N^H + N^L) \approx V^H(N^H)$), so maximiert ein hoher Kopierschutz (*Fall 1*) seine Gewinne.

Wählt der Monopolist den niedrigeren Preis, bei dem beide Gruppen kaufen (*Fall 2* und *Fall 4*), so führt niedriger Kopierschutz immer zu geringeren Gewinnen, da die Möglichkeit zum Kopieren die Zahlungsbereitschaft der Gruppe N^L mindert und damit auch den maximalen Preis verringert. Der niedrigere Preis wird nicht durch zusätzliche Netzwerkeffekte ausgeglichen, da die maximale Nutzung durch beide Gruppen bereits auch ohne Kopieren erreicht ist. Den niedrigen Preis wählt der Monopolist also immer nur im Zusammenhang mit einem hohen Kopierschutz (*Fall 2*).

Noch ein Szenario untersucht *Takeyama (1994)*: die Entscheidung des Monopolisten zwischen *Fall 2,* in dem der er kein Kopieren zulässt und einen niedrigen Preis wählt und *Fall 3*, in dem er Kopieren erlaubt und zu einem hohen Preis nur an Gruppe N^H verkauft. Der Monopolist wählt *Fall 3*, wenn der maximale Preis für Gruppe N^H durch den Netzwerkeffekt so ansteigt, dass der Umsatz mit Gruppe N^H den Umsatz beider Gruppen mit geringem Preis übersteigt. Das ist umso wahrscheinlicher, je höher die Zahlungsbereitschaft der N^H, je höher der positive Netzwerkeffekt der Nachfrage auf den Preis und je niedriger die Zahlungsbereitschaft der Gruppe N^L ist.

Der Monopolist macht keine Gewinne, wenn beide Gruppen sich für den Konsum unautorisierter Kopien entscheiden. Das ist der Fall, wenn der Nettonutzen einer Kopie für die Gruppe mit der hohen Zahlungsbereitschaft N^H höher ist als der Nettonutzen eines Originals, oder wenn

$$\alpha V^H (N^H + N^L) - P^C \geq V^H (N^H + N^L) - P^O$$

Das ist besonders wahrscheinlich, wenn Original und Kopie perfekte Substitute sind ($\alpha \approx 1$), der Preis einer Kopie besonders gering ist ($P^C \approx 0$) oder zumindest deutlich unter dem Originalpreis P^O liegt. In diesem Fall ist der maximale Kopierschutz in jedem Fall vorzuziehen.[223]

Das Modell von *Takeyama (1994)* bezieht sich nicht wie *Conner/Rumelt (1991)* auf die Softwareindustrie sondern sehr allgemein auf die unautorisierte Reproduktion von geistigem Eigentum, bzw. von Informationsgütern. Es stellt sich hier also zunächst die Frage, ob das Modell überhaupt dafür geeignet ist, die realen Effekte in der Musikwirtschaft zu beschreiben. Die drei von *Katz/Shaprio (1985)* identifizierten Ursachen für positive Netzwerkeffekte[224] liegen im Fall von Recorded Music nicht vor. Allerdings wurde in Kapitel B bei der Untersuchung der Nachfrage gezeigt[225], dass sich nach dem Konsumkapital-Ansatz von *Stigler/Becker (1977)* und *Adler (1985)* die Popularität, also die Verbreitung eines Musiktitels, positiv auf die Zahlungsbereitschaft der Konsumenten auswirken kann - dass der Grenznutzen also mit steigender Hörerbasis wächst. Das könnte man durchaus als einen positiven Netzwerkeffekt betrachten. *Superstars* wären aus dem Blickwinkel der Netzwerkökonomik dann vergleichbar mit sogenannten *de facto Standards*[226] bei positiven Netzwerkeffekten. Über die Höhe dieses Konsumkapital-Netzwerkeffektes machen *Stigler/Becker (1977)*, *Adler (1985)* und *Franck (2001)* allerdings keine Aussage. Der Vergleich mit typischen Netzwerkgütern wie etwa Softwareprogrammen oder Telefonanschlüssen legt nahe, dass der positive Netzwerkeffekt bei Recorded Music nicht so eine

---

[223] Bemerkenswerterweise betrachtet *Takeyama (1994)* diesen Fall in ihrem Artikel nicht explizit.
[224] Vgl. Kapitel C, S.53, Fußnote 213
[225] Vgl. Kapitel B, S. 26
[226] Als *de facto Standard* wird ein Kompatibilitätsstandard bezeichnet, der sich im Gegensatz zum sogenannten *de jure Standard* nicht durch eine institutionale Verordnung einstellt, sondern durch den marktlichen Konkurrenzprozess entsteht und sich dann mehrheitlich etabliert. Vgl. Kapitel B, S. 27. Für eine genauere Unterscheidung und Klassifizierung verschiedener Standards: Vgl. *Wey (1999)*, S. 30.

entscheidende Rolle spielt.[227] Diese Vermutung findet sich auch bei verschiedenen anderen Autoren.[228]

Neben der Existenzfrage von Netzwerkexternalitäten in der Musikwirtschaft gibt es jedoch einige weitere Annahmen des Modells von Takeyama (1994), die auf ihre Gültigkeit für Recorded Music überprüft werden müssen.

Takeyama (1994) beschränkt ihre Untersuchung auf den Monopolfall, in dem der Monopolist den Preis und den Kopierschutz ohne strategische Absichten hinsichtlich seiner Wettbewerber setzt, um seinen Gewinn zu maximieren.[229] Es geht in dem Modell also nur um ein einziges Musikalbum.[230]

Der Monopolist steht nicht im Wettbewerb mit anderen Anbietern, so dass der Preis keine strategische oder wettbewerbspolitische Komponente aufweist. In Kapitel B wurde gezeigt, dass auf der Stufe der Majors tatsächlich kaum Preiswettbewerb stattfindet.[231] Wegen der hohen Produktdifferenzierung und der Institution des Urheberrechts verhalten sich die Majors bei jeder einzelnen Neuerscheinung wie Monopolisten einer Produktinnovation. Diese Eigenheiten des Modells passen also sehr gut zur wirtschaftlichen Realität in der Musikwirtschaft.

Eine Einschränkung ist allerdings hinsichtlich dieser Monopolbetrachtung zu machen: wenn der Effekt des investierten Konsumkapitals auf die Nachfrage sehr hoch ist, dann könnte es sehr wohl zu strategischem Verhalten der einzel-

---

[227] So ist ein einziger Telefonanschluss z.B. völlig nutzos, sein Wert steigt jedoch erheblich mit der Verbindung zu anderen Telefonanschlüssen: der Netzwerkeffekt ist also sehr hoch. Das Original einer Musikaufnahme hingegen hat für seinen Nutzer unabhängig von weiteren Kopien einen eigenständigen Wert. Zwar wird dieser Wert durch den positiven Netzwerkeffekt steigen, aber nicht so maßgeblich wie bei einem Telefonanschluss.

[228] Vgl. *Silva/Ramello (2000)*, S. 437 f. und *Centraal Planbureau (2000)*, S. 24

[229] *Shy/Thisse* untersuchen den Oligopolfall für Software, wo tatsächlich auch in der Realität ein intensiver Preiswettbewerb auf der Stufe der Hersteller zu beobachten ist. Vgl. *Shy/Thisse (1999)*

[230] Bzw. um die aggregierte Nachfrage nach Musik, wobei Musik als homogenes Gut angenommen wird.

[231] Vgl. Kapitel B, S. 43

nen Majors kommen. Produzenten könnten sowohl den Preis als auch das Schutzniveau so niedrig wählen, dass sie zunächst die gesamte Nachfrage des Marktes umsonst oder zu sehr geringen Preisen bedienen, um so *Superstars* am Markt als Standard zu etablieren.[232] Folgealben von etablierten Stars könnten dann später zu einem höheren Preis verkauft werden. In Kapitel B wurde allerdings gezeigt, wie unsicher der Erfolg von Musikalben ist.[233] Das gilt zum einen für Neuerscheinungen am Markt, aber auch für Folgealben, die nicht automatisch so erfolgreich sind wie ihre Vorgänger.[234] Außerdem wäre der große Unterschied zu analogen Wettbewerbsstrategien in der Hardware- und Softwareindustrie, dass es sich bei Musikalben um zeitlich sehr begrenzte Standards handelt. Es bestünde deshalb kaum die Möglichkeit für den Hersteller eines etablierten Standards, seine Umsatzausfälle aus der ersten Periode in späteren Perioden auszugleichen. Das ist vermutlich auch der Grund dafür, dass solche Preisstrategien in der Musikwirtschaft nicht beobachtet werden können.

Das Modell von *Takeyama (1994)* basiert auf der komparativen Statik. Selbst wenn es also Netzwerkeffekte gibt, so treten sie im Modell nicht dynamisch auf, sondern werden von allen Akteuren mit rationalen Erwartungen antizipiert. Bevor ein Musiktitel erscheint, weiß also jeder potenzielle Konsument bereits, wie häufig sich diese Musik insgesamt verkaufen wird und berücksichtigt den resultierenden positiven Netzwerkeffekt in seiner maximalen Zahlungsbereitschaft. Die Realität sieht wie in Kapitel B gezeigt, anders aus. Herrschten vollkommene rationale Erwartungen, so dürfte es keine Flops in der Musikindustrie geben, da Plattenfirmen nur diejenigen Musiktitel veröffentlichen würden, die am Markt auch erfolgreich sind. Die Erfolgsquoten von 10-20 Prozent, die in Kapitel B identifiziert wurden, deuten aber sehr stark auf eine Komponente der Nachfrage hin, die nicht vorhersehbar und damit auch nicht im Modell integriert ist. In Kapitel B wurden Nachfrageeffekte, die sich nicht von der Plattenfirmen kontrollieren lassen, als *Word-of-Mouth*-Effekte oder *Information Cascades* bezeichnet.

---

[232] Für eine ausführliche Darstellung des Standardwettbewerbs bei positiven Netzwerkeffekten: vgl. *Katz/Shapiro (1994)*, S. 93 ff. und *Besen/Farrell (1994)*, S. 117 ff..
[233] Vgl. Kapitel B, S. 35
[234] Vgl. *Vogel (1998)*, S. 147f.

Auch die Qualität und Vermarktung der Musik werden in diesem Modell nicht berücksichtigt. All diese zusätzlichen Effekte ließen sich im Modell von *Takeyama (1994)* höchstens durch veränderte maximale Zahlungsbereitschaften ausdrücken.

Die Annahme, dass zwei Gruppen von Nachfragern mit den unterschiedlichen Zahlungsbereitschaften $V^L(N)$ und $V^H(N)$ existieren, ist zwar etwas vereinfacht, aber nicht unrealistisch. Die Frage ist nur, wodurch diese beiden Niveaus der Zahlungsbereitschaften ausgelöst werden. In Kapitel B wurde gezeigt, dass der Konsum von Musik unter anderem vom verfügbaren Einkommen abhängt.[235] Und so könnte das Einkommen darüber bestimmen, welche Zahlungsbereitschaft die Konsumenten besitzen. Des weiteren wurde dargestellt, dass Musik als »recreational good« komplementär zur Freizeit konsumiert wird, in Verbindung mit einem hohen Freizeitbudget also einen höheren Nutzen stiftet. Die Gruppe N^H könnte also auch die Gruppe mit dem höheren Freizeitbudget sein. Schließlich könnte der soziale Zusatznutzen, den der Konsum von Musik im näheren Umfeld stiftet, ein Indiz für unterschiedliche Zahlungsbereitschaften sein. Welche Eigenschaft nun ausschlaggebend für die Einteilung der zwei Gruppen ist, bleibt fraglich. Dass es genügend relevante Kriterien gibt, die eine solche Einteilung sinnvoll machen, ist jedoch gezeigt worden. Bezüglich der relativen Größen der beiden Konsumentengruppen können leider keine Angaben für die Musikindustrie gemacht werden, obwohl sie für die Preisentscheidung des Monopolisten sehr wichtig wären.

Die vereinfachende Annahme, alle Individuen hätten identische Kosten für das unautorisierte Kopieren P^C, ist im Falle der Musiknachfrage nicht haltbar. Die Realität lässt vermuten, dass die Kopierkosten aus einem fixen- und einem variablen Teil bestehen. Filesharing-Programme müssen zunächst gefunden, aus dem Internet heruntergeladen und installiert werden; CD-Brenner müssen gesucht, gekauft und ebenfalls angeschlossen und eingerichtet werden. Dieser Fixkostenanteil ist wohl kaum für alle Konsumentengruppen identisch. Zudem haben die Konsumenten Internetverbindungen mit sehr unterschiedlichen Übertragungsraten und Verbindungskosten, so dass auch die variablen Kosten des Kopierens sich unterscheiden. Bisher kostet das Herunterladen von unautorisierten MP3-Dateien aus dem Internet vor allem Zeit[236], und deshalb sind die Kopierkosten von jüngeren Konsumentengruppen wegen ihrer geringen Opportunitätskosten i.d.R. niedriger als bei älteren. Zudem wurde bereits angeführt, dass jüngeren Konsumenten der Umgang mit den neuen Techniken und die Bedienung der benötigten Gerätschaften normalerweise leichter fällt, ihre variablen Kosten also geringer sein dürften.[237]

Auch die Qualität der unautorisierten Kopien, und damit ihr Grad der Substituierbarkeit α, ist nicht für alle Nutzer gleich, sondern abhängig von den technischen Möglichkeiten des Konsumenten. Benutzt er einen MP3-Player? Oder hat er einen CD-Brenner und konvertiert seine MP3-Dateien in ein Audioformat, das mit herkömmlichen Abspielgeräten angehört werden kann? Wieder hängt dieser Wert von den technischen Rahmenbedingungen des Konsumenten ab und ist daher variabel.

Doch auch wenn die Qualität der Kopie und die Kopierkosten nicht gleich sind, so kann doch eine Aussage darüber getroffen werden, welchen allgemeinen Einfluss die Digitalisierung auf ihr Niveau hat: Wie bereits in Kapitel A angeführt, hat die Qualität von Kopien im Vergleich zu früheren Tonträgermedien so deutlich zugenommen, dass Kopien sich bezüglich ihrer Klangqualität kaum erkennbar von Originalen unterscheiden.[238] Auch steigt die Verbreitung und Qualität der technischen Ausrüstung, so dass der Abspielkomfort über MP3-Player oder mit bespielbaren CDs zunimmt. Es ist deshalb im Modell von *Takeyama (1994)* davon auszugehen, dass Original und unautorisierte Kopie sehr gute Substitute

---

[235] Vgl. Kapitel B, S. 23
[236] Vgl. Kapitel B zur Nachfrage nach Recorded Music, S. 23 f.
[237] Vgl. Kapitel A, S. 14
[238] Vgl. Kapitel A, S. 9 und speziell zum MP3-Standard: Kapitel A, S. 11 f.

sind, bzw. der Wert für α gegen Eins geht.[239] Zudem haben vor allem die Suchkosten für das Kopieren von Musikdateien wegen der Filesharing-Gemeinschaften deutlich abgenommen.[240] Für digitalisierte Musik sind die Kopierkosten P^C wegen der neuen technischen Möglichkeiten deshalb sehr gering.

Zusammenfassend kann man also sagen, dass obwohl Zweifel hinsichtlich einiger Modellannahmen von *Takeyama (1994)* bestehen, das Modell allgemein auch für die Abbildung der Musikindustrie brauchbar erscheint. Wenn in der Musikwirtschaft aber von einem eher schwachen positiven Netzwerkeffekt der Nachfrage ausgegangen wird ($dV/dN \approx 0$), wenn der Originalpreis hoch, die Kopierkosten eher gering ($P^C \approx 0$, bzw. $P^C << P^O$), und Original und unautorisierte Kopie nahezu perfekte Substitute sind ($\alpha \approx 1$), dann führt das Modell zu einem alarmierenden Ergebnis für die Plattenfirmen. Bei fehlendem Kopierschutz entscheiden sich in diesem Fall alle Konsumenten für den Konsum unautorisierter Kopien und der Monopolist verkauft theoretisch nur ein einziges Original.[241] In solch einem Fall wird er den »Zero-Tolerance« Kopierschutz also immer vorziehen. Unter diesen extremen Annahmen gibt es also keinen positiven Nettoeffekt durch unautorisiertes Kopieren.

Es ist anzumerken, dass wenn die Musikindustrie die Kopierbarkeit besser kontrollieren könnte, ähnlich wie im Fall von *Indirect Appropriability*, die Wahrscheinlichkeit des positiven Nettoeffekts von Piraterie zunähme. Würde die Musikindustrie die digitalen Standards soweit manipulieren, dass die Kopierkosten anstiegen und die Substituierbarkeit nachließe, so wäre u.U. auch ein »liberaler« Kopierschutz von Vorteil für die Plattenfirmen. Auf jeden Fall sind diese Variablen neben dem Preis von Originalen P^O die Einflussgrößen für die Ent-

---

[239] Auch wenn diese Annahme zur Zeit noch etwas unrealistisch erscheint, so ist sicherlich ein Trend in den Gewohnheiten und der technischen Ausrüstung in diese Richtung zu beobachten.

[240] Den Besitzer eines kopierfähigen Musiktitels zu finden, ist in den Filesharing-Gemeinschaften sehr einfach. Das „Private Kopieren" ist auch nicht mehr auf das nähere Umfeld beschränkt, über Napster konnten Millionen von Nutzern Musikdateien miteinander austauschen.

[241] Das entspricht dem Szenario, das von der Musikwirtschaft befürchtet wird.

scheidung des Konsumenten. Würde sich der offene Standard MP3 hingegen weiter verbreiten, die technologischen Rahmenbedingungen der Nutzer besser werden und Originalpreise wegen der beklagten Umsatzeinbußen sogar angehoben, bestünde die einzige Chance zur Existenzwahrung der Majors in der Etablierung eines »Zero-Tolerance« Kopierschutzregimes.

II. Industriespezifische Ansätze zum optimalen Kopierschutz

Im letzten Abschnitt wurde gezeigt, dass sowohl das Konzept der *Indirect Appropriability* als auch der Ansatz zur Netzwerkökonomie nur sehr eingeschränkt auf den industriespezifischen Fall der Musikwirtschaft zutreffen. Deswegen wurden im Rahmen dieser Arbeit zwei eigenständige Ansätze entwickelt, die zusätzliche und bisher unberücksichtigte Effekte des unautorisierten Kopierens auf den Umsatz mit Recorded Music identifizieren. Diese eigenen Ansätze werden im folgenden kurz dargestellt und diskutiert:

1. Das Zwei-Perioden-Zwei-Generationen Modell

Das folgende Modell untersucht wie *Takeyama (1994)* den Monopolfall mit konstanten Produktionskosten c. Es geht von zwei homogenen Gruppen von Musikkonsumenten mit unterschiedlichen variablen Kopierkosten aus.[242] Unautorisierte Kopien und gekaufte Originale sind perfekte Substitute[243], der Kaufpreis bzw. der Kopierpreis sind die einzigen Entscheidungskriterien, unautorisierte Kopien zu konsumieren oder Originale einzukaufen. Preissenkungen haben einen expansiven Effekt auf die aggregierte Nachfragemenge nach Recorded Music.

---

[242] Die fixen Kopierkosten sind bereits investiert und gelten in dieser Betrachtung als *sunk costs*.

[243] Es wird angenommen, dass potenzielle Konsumenten über die Ausrüstung verfügen (Internetverbindung, Software, MP3-Player oder CD-Brenner), mit der sie kopierte Musikdateien genau so wie gekaufte CDs nutzen können.

In den bisherigen Modellen ging es nicht um die Mengennachfrage der individuellen Konsumenten nach Recorded Music[244], sondern um die Absatzmenge der Tonträgerkopien eines Musikalbums aus Sicht der Produzenten. Im folgenden tritt stattdessen die aggregierte Nachfrage nach Recorded Music in konsumierten Einheiten in den Vordergrund. Eine Stückpreissenkung hat einen expansiven Effekt auf die Anzahl der konsumierten Einheiten.[245]

Das Modell geht von zwei Perioden aus. In jeder Periode gibt es zwei verschiedene Konsumentengruppen; eine jüngere N^J und eine ältere N^A, in der zweiten Periode wird die jüngere Gruppe der Vorperiode zur älteren Gruppe. Die Anzahl der Gruppenmitglieder ist in allen Gruppen über alle Perioden gleich $N = N^J = N^A$. Jedes Mitglied der jüngeren Gruppe konsumiert in einer Periode X Einheiten Musik, jedes Mitglied der älteren Gruppe konsumiert Y Einheiten Musik. In der Gruppe N^J werden also insgesamt $N^J X$ Einheiten konsumiert, in der Gruppe N^A insgesamt $N^A Y$ Einheiten.

Die maximale Zahlungsbereitschaft V der beiden Gruppen richtet sich nach der Konsumkapitaltheorie von *Stigler/Becker (1977)*. Demnach ist sie abhängig von der bisherigen Investition eines Individuums in seinen Musikkonsum. Je mehr Musik er in der Vergangenheit konsumiert hat, desto höher ist seine gegenwärtige Zahlungsbereitschaft.[246] Es gilt also $V(A) > V(B)$, wenn A,B die kumulierten Konsumeinheiten Recorded Music darstellen, und $A>B$. Zunächst wird hier davon ausgegangen, dass der Monopolist vollständige Preisdiskriminierung anwendet und die gesamten Zahlungsbereitschaften abschöpfen kann. In einem zweiten Schritt werden die beiden Preissetzungsmöglichkeiten wie bei *Takeyama (1994)* betrachtet. Jedes Individuum der jüngeren Gruppe hat die Zahlungsbereitschaft $V(X)$, wobei X die bis zum Ende der Periode konsumierte Musik darstellt. Die Mitglieder der älteren Gruppe haben bereits in der Vorperiode X Einheiten Musik konsumiert. Zusätzlich fragen sie Y Einheiten nach. Ihre maxi-

---

[244] Z.B. die Anzahl der konsumierten CDs pro Jahr.

[245] Vorausgesetzt, die Nutzenfunktionen verlaufen „normal" und es gibt keine Substitutionseffekte.

male Zahlungsbereitschaft ist deshalb mit $V(X+Y)$ höher als die der jüngeren Gruppe. Für den Fall ohne Kopiermöglichkeiten ergibt sich für die Gewinne des Monopolisten:

$$\text{Jüngere Gruppe } N^J \qquad \text{Ältere Gruppe } N^A$$

Periode 1 $\quad \Pi_{1J} = N^J X [V(X) - c] \quad \Pi_{1A} = N^A Y [V(X+Y) - c]$

Periode 2 $\quad \Pi_{2J} = N^J X [V(X) - c] \quad \Pi_{2A} = N^A Y [V(X+Y) - c]$

Jetzt wird unautorisiertes Kopieren über Filesharing-Programme wie Napster möglich. Die jüngere Konsumentengruppe hat, wie in bereits mehrfach dargestellt[247], wegen ihrer geringen Opportunitäts- und Transaktionskosten sehr niedrige variable Kopierkosten $P^C{}_J$. Die Einführung des Filesharing-Programms hat für sie - vereinfacht betrachtet - die Wirkung einer Preissenkung pro Musikeinheit. Ihre Kopierkosten liegen dann deutlich unter ihrer maximalen Zahlungsbereitschaft ($P^C{}_J < V(X)$). Und so konsumiert jedes Individuum der Gruppe N^J nun mehr, nämlich nX (mit $n > 1$) Einheiten Musik. Allerdings werden ausschließlich unautorisierte Kopien nachgefragt; insgesamt $n X N^J$ Einheiten. Gleichzeitig entstehen Umsatzausfälle in Höhe von $X N^J$ Einheiten.

Die Kopierkosten der älteren Gruppe $P^C{}_A$ liegen wegen ihrer höheren Opportunitäts- (höhere Löhne) und Transaktionskosten über ihrer maximalen Zahlungsbereitschaft ($P^C{}_A > V(Y)$), so dass sie keine unautorisierten Kopien konsumiert, sondern weiterhin zum Preis ihrer maximalen Zahlungsbereitschaft Originale kauft. Bei dieser Gruppe ändert sich an der Anzahl der konsumierten Einheiten also nichts. Da die ältere Gruppe der zweiten Periode in der Vorperi-

---

[246] Das gilt in diesem Fall für einzelne Interpreten aber auch für einzelne Musikgattungen und –stilarten.

[247] Vgl. hierzu beispielsweise Kapitel A, S. 13

ode aber durch unautorisiertes Kopieren mehr Musik konsumiert hat als sonst, hat auch ihr Konsumkapital zugenommen. Und dieses zusätzliche Konsumkapital treibt die maximale Zahlungsbereitschaft in der zweiten Periode in die Höhe, so dass jetzt gilt: $V (n X + Y) > V (X + Y)$. Für die Gewinne des Monopolisten ergibt sich:

	Jüngere Gruppe N^J	Ältere Gruppe N^A
Periode 1	(es wird nur kopiert)	$\Pi_{1A}{}' = N^A Y [V (X + Y) - c]$
Periode 2	(es wird nur kopiert)	$\Pi_{2A}{}' = N^A Y [V (n X + Y) - c]$

Das illegale Kopieren der jüngeren Konsumentengruppen führt also zu einer höheren Wertschätzung von Musik in späteren Jahren und damit zu einer höheren Zahlungsbereitschaft $V (n X + Y)$ in Periode 2. Das unautorisierte Kopieren kann also in diesem Fall unter Umständen positiv für die Gewinne des Monopolisten sein, und zwar genau dann, wenn die Summe der Umsatzverluste aus den jüngeren Konsumentengruppen kleiner ist als die Umsatzgewinne in Periode zwei, die durch die höhere Zahlungsbereitschaft der älteren Konsumentengruppe ausgelöst werden, bzw. wenn:

$$2 N^J X [V (X) - c] < N^A Y [V (n X + Y) - c] - N^A Y [V (X + Y) - c]$$

oder etwas weiter umgeformt und unter Berücksichtigung, dass $N^J = N^A = N$

$$\frac{2X}{Y} [V (X) - c] < [V (n X + Y) - V (X + Y)]$$

Das ist am ehesten der Fall, wenn Y im Verhältnis zu X besonders hoch ist, die Produktionskosten c hoch sind, der Mengeneffekt der Nachfrage auf unautorisierte Kopien n groß ist und der Konsumkapital-Effekt auf die Zahlungsbereitschaft der älteren Gruppe in Periode 2 sehr stark ausgeprägt ist.

Hier zeigen sich bereits die Grenzen des Modells in seiner Anwendbarkeit auf die Musikindustrie. In Kapitel B wurde gezeigt, dass die jungen Zielgruppen überproportional viel Musik nachfragen ($X > Y$). Außerdem sind die Produktionskosten für Musik, bzw. die Grenzkosten der Produktion minimal ($c \approx 0$). Es ist zwar plausibel, dass die Zahlungsbereitschaft der älteren Nachfrager höher ist als die der jüngeren[248], ob der zusätzliche Effekt des Konsumkapitalansatzes jedoch so stark ist, dass er die Umsatzausfälle der jüngeren Gruppe kompensiert, ist sehr fraglich. Allerdings geht das Modell bisher auch davon aus, dass der Monopolist eine perfekte Preisdiskriminierung anwendet. Wie im Modell von *Takeyama (1994)* müssen verschiedene Preissetzungsfälle beachtet werden. Zunächst die beiden Fälle, wenn unautorisiertes Kopieren nicht möglich ist.[249]

Fall 1:   *Maximaler Kopierschutz, hoher Preis, nur die ältere Gruppe N^{rl} kauft*

(1) Π^1 = $2 N Y [V (X + Y) - c]$

Fall 2:   *Maximaler Kopierschutz, niedriger Preis, beide Gruppen kaufen*[250]

(2) Π^2 = $2 N (X + Y) [V (X) - c]$

Der Monopolist wählt dann den geringeren Preis $P^O = V(X)$, wenn:

---

[248] Die Musikindustrie nutzt dies in der Realität bei Musikprodukten aus, die nahezu ausschließlich von Älteren gekauft werden: Klassik- und Jazz-CDs sind i.d.R teurer als CDs der Unterhaltungsmusik. (Diese Gattungen werden wegen ihrer geringeren wirtschaftlichen Relevanz, wie bereits erwähnt, in der vorliegenden Untersuchung nicht weiter betrachtet.)

[249] Wie bisher werden die Gewinne der unterschiedlichen Perioden einfach summiert und nicht deren abdiskontierter Gegenwartswert betrachtet.

[250] Hier wird nicht berücksichtigt, dass der niedrigere Preis nach der obigen Annahme auch einen expansiven Effekt auf die Nachfragemenge der älteren Gruppe hat. Da es sich aber hierbei um eine zusätzliche Gewinnsteigerung handelt, kann dieser Fall für die Untersuchung vernachlässigt werden.

$(X + Y) [V(X) - c] \quad > \quad Y [V(X + Y) - c],$

der Konsum der jüngeren Gruppe also relativ hoch ($X > Y$) und der Konsumkapital-Effekt auf die maximale Zahlungsbereitschaft eher gering ist, wovon in der Realität tatsächlich auszugehen ist.
Für den Fall mit unautorisiertem Kopieren verkauft der Monopolist nur an die älteren Konsumentengruppen. Für eine optimale Preissetzung muss er nach Einführung der Filesharing-Programme in der Folgeperiode die Preise anheben. Dann ergibt sich sein Gewinn als:

Fall 3: Kein Kopierschutz, maximale Preise für die ältere Gruppe N^A
(3) $\quad \Pi^3 \quad = \quad NY [V(X + Y) - c] + NY [V(nX + Y) - c]$

Wählt der Monopolist bereits im Fall ohne Kopiermöglichkeiten den höheren Preis, da der Konsum der älteren Gruppe relativ groß ($Y > X$) und der Konsumkapital-Effekt stark ausgeprägt ist, dann ist es auch optimal für den Monopolisten, unautorisiertes Kopieren zu erlauben, denn dann gilt immer:

$\Pi^3 \quad > \quad \Pi^1$

oder

$NY [V(nX + Y) - c] \quad > \quad NY [V(X + Y) - c]$

Auch nach der Berücksichtigung der unterschiedlichen Preissetzung bleibt die Aussagekraft dieses Modells für die Musikwirtschaft eher beschränkt. Zwar ist die Anwendung der Konsumkapitals auf die Zahlungsbereitschaft älterer Konsumenten sehr plausibel, der Effekt am Markt vermutlich aber gering. Insbesondere ist die Annahme problematisch, dass die Gruppengrößen identisch sind $N = N^J = N^A$, denn in der Realität sind gerade die jüngeren Gruppen zwar sehr stark am Umsatz beteiligt ($X > Y$), ihre Gruppenstärke ist allerdings nur sehr gering (

$N^J < N^A$).²⁵¹ Demnach würde der Konsumkapital-Effekt noch gemindert, da auch die zukünftige Gruppe N^A der zweiten Periode eher klein ist. Eigentlich müssten zudem die Gewinne der zweiten Periode im Vergleich abdiskontiert werden, was den expansiven Effekt auf die ältere Konsumentengruppe weiter lindern würde.

Das Modell schneidet das in Kapitel B angeführte Generationenproblem der Musiknachfrage an²⁵², gelöst wird es nicht. Die Stärken des Modells bestehen darin, zu erklären, warum, wie in der Realität zu beobachten, besonders junge Gruppen unautorisierte Kopien konsumieren und dass dieses illegale Kopieren einen expansiven Effekt auf die gesamte Nutzung von Musik haben könnte. Außerdem besteht eine gewisse Analogie zu der organisierten Piraterie, die in einkommensschwachen Nationen besonders weit verbreitet ist. *Silva/Ramello (2000)* merken analog zu der Argumentation für die Piraterie-Nationen an:

> »In the long term, the legal producers will benefit from the musical culture fostered by unauthorized, and cheaper, listening: as income grows, todays unauthorized consumers may turn out to be tomorrow's full price consumers.«²⁵³

Der im Modell beschriebene Effekt ist sehr ähnlich. Demnach versorgt sich die die jüngere Generation solange mit preiswerten Raubkopien, bis ihre Löhne bzw. Einkommen gestiegen sind und sie nur noch autorisierte Musikprodukte kauft.

Ein härterer Kritikpunkt besteht aber darin, dass die Annahme, jung und alt hätten unterschiedliche Kopierkosten zwar in der Gegenwart sehr plausibel erscheint, zukünftig jedoch sehr unwahrscheinlich wird. Denn zum einen trifft die Annahme aus der Diskussion vom Modell von Takeyama (1994)²⁵⁴, Kopien würden besonders Zeit - und damit Opportunitätskosten binden, zwar zur Zeit

---

²⁵¹ Vgl. Kapitel B, S. 23

²⁵² Dass die von der Anzahl und vom Einkommen überlegenen älteren Käuferschichten nur sehr wenig Musik konsumieren.

²⁵³ *Silva/Ramello (2000)*, S. 438

noch zu. In Zukunft aber ist zu erwarten, dass die traditionelle Kaufweise von Musik im Handel bedeutend mehr Opportunitätskosten verursacht als das einfache *Downloading*. Ein Fachgeschäft aufzusuchen, sich dort nach den gewünschten Titeln umzusehen und sie im Geschäft probeweise anzuhören ist zweifellos umständlicher, als am Multimedia-Endgerät zu Hause per Knopfdruck MP3 Musikdateien herunterzuladen und sofort anzuhören. Zumal die ältere Generation der zweiten Periode sich wegen ihrer Erfahrungen aus der ersten Periode bereits mit der Beschaffung unautorisierter Kopien über Computernetzwerke und Filesharing-Programme auskennt.[255]

2. Der Sampling-Effekt unautorisierter Kopien

Bisher wurde in den Modellen davon ausgegangen, dass ein Individuum entweder kopiert oder kauft. Das Internet erfüllt aber u.U. eine ähnliche Aufgabe wie das *Radio Airplay*: der Nachfrager testet (*Sampling*) zuerst die Kopie in Form einer frei zugänglichen Musikdatei. Gefällt ihm diese Testdatei (das *Sample*), dann entschließt er sich anschließend zum Kauf eines Originals.[256] Eine unautorisierte Kopie wäre dann kein Substitut für ein gekauftes Original, sondern hätte eher die Eigenschaften eines komplementären Gutes, dass den Konsum des Originals verstärkt. Es wird im folgenden hierzu nicht explizit ein Modell konstruiert, sondern rein argumentativ ein möglicher positiver Effekt von Piraterie auf die Nachfrage nach Originalen identifiziert.

In Kapitel B wurde erwähnt, dass *Moe/Montgomery (2000)* einen positiven Zusammenhang zwischen dem *Radio Airplay* eines Musiktitels und seinem Verkaufserfolg in der Folgeperiode aufgezeigt haben. So ein Zusammenhang könnte

---

[254] Vgl. Kapitel C, S. 60

[255] Als Gegenargument ließe sich hier jedoch anfügen, dass sich auch die digitale Technologie weiterentwickeln wird, ältere Konsumenten jedoch Schwierigkeiten haben werden, der Entwicklung zu folgen und damit der Kopierkosten-Unterschied zwischen alt und jung konstant bleibt.

auch zwischen dem Umsatz und der Verbreitung über das Internet bestehen. Es gibt einige Umfragen, die diesen Zusammenhang bestätigen: In einer Umfrage unter Online-Musik-Fans[257] aus dem Jahre 2000 des Forschungsinstituts *Jupiter Research* geben 19 Prozent der Befragten an, dass ihre Ausgaben für Musik durch die Nutzung von Oline-Musikseiten angestiegen sind, 75 Prozent sagten, ihre Ausgaben hätten sich nicht geändert und nur 6 Prozent sagten, sie würden weniger für Musik ausgeben. Von den Napster-Usern unter den Befragten gaben sogar 31 Prozent an, seit der Nutzung von Napster mehr für Musik auszugeben.[258]

Zwar ist die Glaubwürdigkeit dieser Untersuchung eher fraglich, da sie sich auf Befragungen und nicht etwa auf Beobachtungen stützt, und somit die Fehlerquelle der Falschaussagen sehr hoch sein kann. Dennoch scheint auch dieser Ansatz nicht unplausibel. Denn, so könnte man argumentieren, das individuelle Konsumkapital steigt nicht nur durch den Kauf von CDs an, sondern eben auch durch das Anhören von Musik im Radio und den Konsum von Musikdateien über das Internet. Diese komplementären Konsumformen von Musik führen also ebenfalls dazu, dass die maximale Zahlungsbereitschaft mit der Anzahl des kumulierten Musikkonsums steigt, der Konsument langfristig also bereit ist, mehr für Musik zu bezahlen.

Natürlich basiert die Argumentation darauf, dass Original und Kopie keine perfekten Substitute sind. Nur dann entscheidet sich der Konsument einer inferioren Kopie, wenn ihm das Sample gefällt, zum Kauf eines superioren Originals. Wäre die neue Technik des Herunterladens von MP3-Dateien nicht kompatibel zu traditionellen Konsumformaten[259], würde MP3 den bisherigen Nutzungsgewohnheiten und -ansprüchen also nicht entsprechen, so wäre unautorisierte di-

---

[256] Dieser Effekt wurde in ähnlicher Form von *Liebowitz (1981)* als sogenannter „exposure effect" eingeführt, aber nicht weiter vertieft und auch nicht auf die Musikindustrie bezogen. Vgl. *Liebowitz (1981)*, S. 12

[257] Sie werden als Internetnutzer definiert, die in den letzten 12 Monaten eine Internetseite besucht haben, die sich mit Musik beschäftigt. Vgl. *Jupiter Research (2000)*, S. 3

[258] Vgl. *Jupiter Research (2000)*, S. 16

[259] Vgl. Kapitel A, S.14

gitale Musik kein perfektes Substitut zu herkömmlichen Originalen. Dann könnte der Konsum unautorisierter Kopien durchaus den Konsum von autorisierten Originalen erhöhen. Es zeigt sich, wie in den anderen Ansätzen auch, dass die Kontrolle der Reproduktionseigenschaften, also ein »liberaler« Kopierschutz entscheidend für einen positiven Effekt auf den Umsatz mit autorisierten Originalen ist. Gelingt die Kontrolle nicht, so zieht der Hersteller einen »Zero-Tolerance«-Kopierschutz vor.

III. Fazit zum optimalen Kopierschutz in der Musikindustrie

In diesem Kapitel wurden verschiedene Ansätze präsentiert, nach denen unautorisiertes Kopieren einen positiven Einfluss auf den Umsatz mit originaler Recorded Music hat. Keiner dieser Ansätze erscheint jedoch im Falle der Musikindustrie vor dem Hintergrund der zunehmenden Digitalisierung als ausreichend auf die sich stellenden Probleme zugeschnitten und als letztlich befriedigend.

Der Ansatz der *Indirect Appropriability* scheitert daran, dass im Falle von MP3 das Plattenlabel den Kopiervorgang nicht mehr kontrollieren kann. Kopien eignen sich für unautorisierte Kopien genau so als Vorlagen, wie Originale. Das Kopienpotenzial eines Originals ist damit theoretisch unbegrenzt und kann nicht dem Käufer in Rechnung gestellt werden. Die Argumentation aus der Betrachtung von wissenschaftlichen Zeitschriften ist also auf die digitale Verbreitung von Musik nicht anwendbar.

Der Hauptkritikpunkt an der netzwerkökonomischen Argumentation ist, dass wenn Original und Fälschung wie im Fall von MP3 nahezu identisch und Kopierkosten sehr gering sind, keine Konsumenten mehr Originale kaufen, sondern nur noch unautorisierte Kopien konsumieren. Denn in diesem Fall, wenn die Kopierkosten unter dem Marktpreis des Originals liegen, werden unautorisierten Kopien immer bevorzugt – unabhängig davon, ob die Zahlungsbereitschaft durch den Netzwerkeffekt steigt oder nicht. Zudem wird der positive Netzwerkeffekt von Musik i.d.R. als nicht sehr hoch eingeschätzt.[260]

Das im letzten Abschnitt vorgestellte eigene Zwei-Perioden-Zwei-Generationen-Modell beschreibt zwar einige Merkmale der gegenwärtigen Realität in der Musikindustrie detaillierter als jene aus der Literatur, ihr positiver Effekt auf den Umsatz ist jedoch bisher nicht nachgewiesen. Unterschiedliche Kopierkosten sind demnach bisher der einzig entscheidende ökonomische Grund, ob Individuen unautorisierte Kopien konsumieren oder nicht. Für einen einkommensstarken und zeitknappen Konsumenten ist der Kauf einer CD bisher noch immer einfacher und günstiger als der Download über Filesharing-Programme. Neben einigen nicht abgesicherten Annahmen besteht der Schwachpunkt dieses Modells darin, dass die hohen Kopierkosten in Zukunft deutlich sinken werden und die Akzeptanz der Filesharing-Programme zunimmt. Ferner macht auch dieses Modell aus allen Käufern Konsumenten von unautorisierten Kopien. Zudem ist es unwahrscheinlich, dass ein Konsumkapital-Effekt stark genug ist, um die Umsatzausfälle der wichtigsten Zielgruppen[261] auszugleichen.

Der Sampling-Effekt existiert per Definition nur dann, wenn Original und unautorisierte Kopie keine perfekten Substitute mehr sind. Das setzt aber voraus, dass die Plattenfirmen die Reproduzierbarkeit bereits unter Kontrolle gebracht haben. Im betrachteten Fall von MP3 ist also kein Smapling-Effekt zu erwarten.

Zusammenfassend kann man also sagen, dass Filesharing-Programme und die Distribution unautorisierter digitaler Musikkopien sehr wohl eine Gefahr für die Umsätze der Musikindustrie darstellen. Allerdings beschränkt sich diese Aussage auf die theoretische Betrachtung der Nachfrage, ohne mögliche Änderungen des Angebots oder strukturelle Veränderungen der Industrie zu berücksichtigen. Außerdem lagen zum Zeitpunkt dieser Arbeit noch nicht ausreichende empirische Untersuchungen vor, um den tatsächlichen Effekt des Filesharing auf die Umsätze mit Recorded Music abschließend zu beurteilen.

---

[260] Vgl. Kapitel C, S. 57

Die untersuchten Ansätze zeigen aber, dass nicht etwa das unautorisierte Kopieren selbst das Problem ist, sondern die neuen Eigenschaften von digitalen Musikdateien. Vor allem die Kopierqualität bzw. Substituierbarkeit und die Kopierkosten sind die entscheidenden Größen, die mögliche positive Effekte des unautorisierten Kopierens verhindern. Und wie bereits in der Diskussion um die *Indirect Appropriability* und die positiven Netzwerkeffekte angeführt, sollte es Ziel der Musikindustrie sein, diese Eigenschaften zu manipulieren. Die Qualität der Kopien könnte künstlich gesenkt werden, die Anzahl der möglichen Kopien von einem Original begrenzt und die Kopierkosten erhöht werden.[262] Dann wäre ein »Zero-Tolerance« Kopierschutz nicht mehr die optimale Lösung. Denn ließen sich diese Merkmale zu Gunsten der Musikindustrie manipulieren, ließe sich also ein »liberaler« Kopierschutz etablieren, so ist damit zu rechnen, dass die Nutzung der unautorisierten Kopien den Umsatz mit Originalen steigert.

Das Ergebnis dieses Kapitels ist also, dass der Verzicht auf Kopierschutz nicht die empfehlenswerte Lösung für die Plattenfirmen sein kann. Doch auch ein »Zero Tolerance«-Kopierschutz scheint nicht optimal, da eine Reihe von potenziellen positiven Effekten identifiziert wurde, die durch einen solchen Kopierschutz ausgeschaltet würden.

Statt dessen besteht der optimale Kopierschutz darin, das unautorisierte Kopieren zwar zu erlauben, in seinen Ausmaßen jedoch besser zu kontrollieren. Paradoxerweise könnte die große Gefahr des digitalen Formats zusätzlich eine große Chance für diese verbesserte Kontrolle darstellen. In digitaler Form ließen sich nämlich eine Reihe von sehr spezifisch manipulierten Versionen einer Musikdatei erstellen, so dass sie nur begrenzt konsumiert, kopiert oder auf unterschiedlichen Abspielgeräten eingesetzt werden könnte.

In der Untersuchung ist zudem klar geworden, dass es verschiedene Ansätze für die Plattenfirmen gibt, um auch in Zukunft rentabel am Markt operieren zu können. Generell kann am Qualitäts- bzw. Nutzenunterschied zwischen Kopie und

---

[261] Vgl. Kapitel B, S. 23

Original oder am Kostenunterschied zwischen Kopie und Original angesetzt werden. So könnte die Qualität der Originale erhöht werden, in dem z.b. sekundäre Qualitätsmerkmale verbessert werden. Autorisierte digitale Musik könnte zum Beispiel mit automatischem Schutz vor Computerviren versehen werden. Die Qualität der Originaldateien könnte verbessert, die Ladezeiten verringert und die aktuelle Verfügbarkeit garantiert werden. Auch wäre es möglich, die Qualität der sich im Umlauf befindlichen unautorisierten Kopien künstlich herabzusetzen, indem sie beispielsweise mit Störgeräuschen zersetzt werden. Die Kosten, die beim Konsum von Originalen anfallen, könnten gesenkt und die Kosten vom unautorisierten Kopieren könnten erhöht werden. Generell eignen sich technologische Veränderungen des Kopierschutzes, sowie neue Geschäftsmodelle dazu, in Zukunft mit Recorded Music Umsätze zu erzielen. Auch das folgende Kapitel wird sich noch einmal damit beschäftigen, wie ein erfolgreiches digitales Musikangebot gestaltet sein sollte.

---

[262] Auf dieses sogenannte „Versioning" wird noch einmal in Kapitel D, S. 83 eingegangen.

D   Effekte der Digitalisierung auf die Industriestruktur

Im letzten Kapitel wurde anhand einiger ökonomischer Überlegungen gezeigt, welchen Einfluss die Digitalisierung auf die Nachfrage nach autorisierter und unautorisierter Recorded Music haben könnte. Dabei ging es vor allem um die Darstellung der Veränderungen im Entscheidungsverhalten der Konsumenten. In diesem Kapitel geht es - wie im Kapitel B - um die Industriestruktur der Musikwirtschaft. Während Kapitel B aber den Status Quo aufzeigte, in dem sich die Industrie am Anfang dieses Jahrtausends befunden hat, sollen in diesem Kapitel die wichtigsten Veränderungen beschrieben und diskutiert werden, die entweder als Reaktion auf die Digitalisierung bereits stattgefunden haben oder in naher Zukunft zu erwarten sind. Teils handelt es sich dabei um tatsächlich Geschehenes, teils um Behauptungen diverser Autoren und teils um eigene Bemerkungen, die direkt aus der bisherigen Untersuchung abgeleitet wurden. Die Analyse der Rahmenbedingungen bezieht sich im Gegensatz zu Kapitel B vor allem auf den Markt für unautorisierte Musikdateien. Das liegt daran, dass bis zum gegenwärtigen Zeitpunkt kein ernstzunehmender Markt für autorisierte Musik-Downloads im Internet existiert. Es wird deshalb der Versuch angestellt, anhand der Beobachtung des illegalen Marktes Rückschlüsse auf einen zukünftigen legalen Markt für digitale Musik-Downloads zu ziehen.

All die zukunftsorientierten Aussagen, die in diesem Zusammenhang gemacht werden, bleiben bis zu einem gewissen Punkt spekulativ, denn niemand kann derzeit sagen, wie die internationale Musikindustrie sich langfristig verändern wird. Zumal die aktuellen Meldungen, die auch während der Entstehung dieser Arbeit zu lesen waren, beinahe täglich neue Veränderungsprozesse und neue Entwicklungsrichtungen dokumentieren. Anhand der bisherigen Beobachtungen lassen sich aber einige Szenarien entwerfen, die für die zukünftige Entwicklung wahrscheinlich sind. Zur besseren Übersichtlichkeit orientiert sich dieses Kapitel an dem Aufbau des Kapitels B, so dass zu jedem Punkt der industrieökonomischen Analyse in Kapitel B der Status Quo und in Kapitel D die potenziellen Veränderungen zu finden sind. Allerdings überschneiden sich die Darstellungen in diesem Kapitel ein wenig – insbesondere zwischen der Marktstruktur und dem Marktverhalten. Die Industrie befindet sich gegenwärtig in einem Umbauprozess und so bedingt das Verhalten in einem wechselseitigen Feedback-Prozess die noch sehr fragile Struktur. Die statische Betrachtungsweise des Structure-Conduct-Performance-Paradigma stößt in dieser Beschreibung also bereits an seine in Kapitel B angedeuteten Grenzen.

I. Veränderte Rahmenbedingungen in der Musikwirtschaft

Die grundlegende Veränderung, die in der Musikwirtschaft durch die Digitalisierung stattgefunden hat, ist – wie bereits in Kapitel A angeführt - die Entkoppelung der Musik von ihren bisherigen Tonträgermedien. Die Möglichkeit, digitale Musikdateien im offenen MP3 Format unbeschränkt und ohne Qualitätsverlust kopieren zu können und sie über Computernetze weltweit zugänglich zu machen, hat dazu geführt, dass der Konsum unautorisierter Recorded Music zunimmt. Gleichzeitig sinken die Umsätze und Gewinne der Plattenfirmen. Auf der anderen Seite ermöglicht digitale Musik aber auch eine effizientere weltweite Distribution und könnte durch die resultierenden Kostensenkungen die Gewinne der Plattenfirmen allgemein ansteigen lassen. Grundvoraussetzung dafür ist allerdings die Gewährleistung eines gewissen Maßes an Kopierschutz.[263]

Der zukünftig resultierende Nettoeffekt lässt sich derzeit nicht vorhersagen. Es bleibt unklar, ob die Digitalisierung der Recorded Music die Musikindustrie langfristig stärken oder schwächen wird. Einige Aussagen bezüglich der Nachfrage und des Angebots von digitaler Musik lassen sich aber bereits zum gegenwärtigen Zeitpunkt machen:

1. Nachfrage nach digitaler Musik

Im Gegensatz zu dem stark wachsenden Markt für unautorisierte Kopien[264] ist der legale Markt für Online-Musik noch unterentwickelt. Im Report zur Online-Musik geht *Jupiter Research (2000)* davon aus, dass 2001 über das Internet 2,2

---

[263] Diese Grundvoraussetzung ist in Kapitel C deutlich geworden. Vgl. Kapitel C, S. 70

Milliarden US$ mit legaler Recorded Music umgesetzt werden.[265] Den Großteil davon machen jedoch traditionelle Musik-CDs aus, die über Online-Händler vertrieben werden. Nur 3 Prozent, also knapp 66 Millionen US$, werden 2001 weltweit mit digitalen Downloads umgesetzt.

Im folgenden soll kurz erläutert werden, welche Konsumentengruppen sich hinter der enormen Nachfrage nach unautorisierten digitalen Kopien verbergen. Eine Studie des Marktforschungsunternehmen *Jupiter Research* von September 2000 ergab, dass 60 Prozent der Napster-Nutzer männlich sind, 57 Prozent sind im Alter zwischen 25 und 49 Jahren, weitere 35 Prozent zwischen 18 und 24 Jahren. 73 Prozent von Ihnen nutzen das Internet bereits seit mehr als zwei Jahren. Das entspricht den Vermutungen aus Kapitel C, nachdem besonders junge und interneterprobte Nachfragegruppen unautorisierte Kopien via Filesharing-Programmen konsumieren, da sowohl ihre Opportunitäts- als auch Transaktions- und Kopierkosten relativ gering sind. Eine Befragung von rund 1000 Studenten an zwei US-amerikanischen Universitäten im Herbst 2000 ergab, dass fast zwei Drittel aller befragten Studenten unautorisierte MP3 Dateien besaßen.[266] Insgesamt 47 Prozent von ihnen verfügte über eine MP3 Sammlung mit mehr als 50 Titeln, sieben Prozent über MP3 Sammlungen mit über 1000 Titeln. Erstaunlicherweise war die Mehrheit der Befragten bereit, für digitale Musik zu bezahlen, wenn auch maximal 1, 07 US$ pro heruntergeladenen Titel.[267] Weltweit sehen die Entwicklungen sehr ähnlich aus: Nach einer Studie des Marktforschungsinstituts *Ipsos-Reid*, der die Befragung von 7688 Personen in 30 Ländern zugrunde liegt, laden mehr als die Hälfte der 18- bis 24-jährigen Internetsurfer Musiktitel aus dem Internet herunter.[268] Nach dem letzten Report von *Jupiter Research* hatte Napster im Februar 2001 in den USA unter den Onlinenutzern eine Reich-

---

[264] Vgl. Kapitel A, S. 13
[265] Vgl. *Jupiter Research (2000)*, S. 13ff
[266] Vgl. *Gallaway/Kinnear (2001)*, S. 283
[267] Das entspricht in etwa auch dem Preis, den Konsumenten zur Zeit durchschnittlich für einen Song bezahlen, wenn sie ein Musikalbum auf CD kaufen. Allerdings ist fraglich, ob sie in Zukunft nur Hits oder auch all die weniger erfolgreichen Songs eines Albums zu diesem Preis nachfragen werden.
[268] Vgl. *Ipsos (2001)*, S. 1

weite von 18 Prozent[269], während in Europa deutlich geringere Verbreitungsraten zu verzeichnen waren.[270]

Das unautorisierte Kopieren konzentriert sich vor allem auf Musiktitel von international bekannten Superstars wie Madonna, Britney Spears oder Robbie Williams. Gemäß der Argumentation aus Kapitel B bedeutet das aber, dass ausgerechnet jene 10 bis 20 Prozent gewinnbringender Musiktitel von potenziellen Umsatzausfällen betroffen sind. Das macht Filesharing-Programme besonders bedrohlich für die *Big Five* der Musikindustrie.[271] In den Filesharing-Netzwerken werden einzelne Musiktitel nachgefragt und nicht wie auf dem traditionellen CD-Markt ganze Alben. Die *IFPI* bezeichnete die Umsatzverluste des Jahres 2000 in den USA deshalb auch besonders im Markt für Singles als direkte Auswirkung der Onlinepiraterie:

»The availability of free online Filesharing services had clear repercussions for singles sales in the world's largest market, the United States, where there was a sharp 46% drop.«[272]

Wahrscheinlich liegt diese extreme Konzentration auf einzelne Hitsingles vor allem an den technischen Beschränkungen der digitalen Downloads. Immerhin dauert bei einer derzeit dem Standard entsprechenden Modemverbindung der Download eines einzelnen Songs nur einige Minuten, für ein ganzes Album hingegen braucht man häufig mehrere Stunden. Das erklärt die Konzentration auf Songs – nicht auf Alben.

2. Angebot von digitaler Musik

An dem grundlegenden Entstehungsprozess von Musik wird sich durch die Digitalisierung nicht viel ändern. Wie in Kapitel B beschrieben, werden die drei

---

[269] 18 Prozent der Stichprobe gaben an, Napster bereits mindestens einmal zum Download genutzt zu haben.
[270] Vgl. *Jupiter Research (2001)*, S. 5. Nur Spanien hatte eine höhere Nutzungsrate: dort nutzten sogar 24 Prozent aller Internetnutzer das Filesharing-Programm.
[271] Vgl. *Range/Kroker (2001)*, S. 44.
[272] *IFPI (2001d), S. 1*

Hauptbereiche immer noch die Kreation, der Verlag und die Distribution sein.[273] Allerdings stellt sich die Frage, ob alle bisherigen Akteure der Wertschöpfungskette auch in Zukunft an den Prozessen beteiligt sein werden oder ob neue Akteure und Aufgabenfelder hinzukommen und welche Teilnehmer zukünftig die einzelnen Wertschöpfungsschritte kontrollieren werden.

Zunächst ist die Musikproduktion durch digitale Technologien erheblich billiger geworden. *Brashares (2000)* führt an, dass im Gegensatz zu mehreren hunderttausend US$ heute bereits Investitionen von rund 20.000 US$ ausreichen, um ein qualitativ hochwertiges Popmusik-Album aufzunehmen.[274] Theoretisch könnte ein Musiker seine digitalen Musiktitel über eine eigene Homepage zum Download anbieten oder zu sehr geringen Kosten traditionelle CDs im Direktvertrieb verschicken. Weder eine Plattenfirma noch ein komplexes Händlernetzwerk wären dann notwendig, um ein internationales Publikum zu erreichen. Dieses Phänomen wird in der Literatur als *Disintermediation* bezeichnet, bei der bisher wichtige Zwischenstufen des Transaktionsprozesses wegfallen.[275] Demnach macht es das Internet möglich, dass Musiker ihre Musik eigenständig veröffentlichen und vertreiben. *Fisher (2000)* führt an, dass fast zwei Drittel des aktuellen CD-Preises an den Handel und die Plattenfirmen abgeführt würden.[276] Die Disintermediation würde also zu erheblichen Kosteneinsparungen für Recorded Music führen. Außerdem würde die Distribution insgesamt effizienter, da keine Lagerhaltungskosten und auch kein Logistikaufwand mehr anfallen würden. Insgesamt würde die Bedeutung des traditionellen Handels abnehmen.

Gegenwärtig ist es besonders für etablierte Stars reizvoll, ihre Musik ohne die Beteiligung von Plattenfirmen und Distributoren selbst zu vertreiben, da sie so direkten Kontakt zu ihren Fans herstellen und eine höhere Gewinnmarge mit ihren Produkten erzielen können:

---

[273] Vgl. Kapitel B, S. 32

[274] Vgl. *Brashares (2000)*, S. 2. Selbst Alben weltweit erfolgreicher Musiker wie Alanis Morrisette werden heutzutage mit dieser Art digitaler Ausrüstung aufgenommen.

[275] Vgl. *National Research Council (2000)*, S. 90

[276] Vgl. *Fisher (2000)*, S. 2

»For major artists, digital distribution offers the ability to reach fans directly. It also offers new opportunities for revenue. Ten thousand of David Bowie's fans are willing to pay a subscription for access to the artist's online community. There they can access every song he's ever made, contribute lyrics for his next album and get an inside look at the production process.«[277]

Das gilt theoretisch auch für weniger bekannte Musiker. Wie in Kapitel B gezeigt wurde, ist die Qualität der Musik aber kein hinreichendes Kriterium für Erfolg am Markt. Die Musikangebote der weniger bekannten Musiker müssen von den Konsumenten überhaupt erst wahrgenommen werden. Eine besonders große Rolle spielt deshalb die Vermarktung der Musik, die meist von einer Plattenfirma übernommen wird:

»If anyone can be a creator and publisher, content will proliferate. Producing a world of information overload. The consumer's problem will not be obtaining content, but rather wading through it all. This difficulty has long been recognized: Thirty years ago Herbert Simon suggested that »a wealth of information creates a poverty of attention«[278]

Die bereits oben identifizierten Schlüsselqualifikationen der Plattenfirmen, das Entdecken von erfolgsversprechenden Musikern (*A&R*) und deren Vermarktung (*Marketing*), ist also auch in Zukunft sehr entscheidend – vielleicht entscheidender denn je. Doch auch neue Funktionen werden durch die Digitalisierung in die Wertschöpfungskette integriert werden müssen. Eine zentrale Rolle wird beispielsweise – wie in Kapitel C verdeutlicht – der Kopierschutz und dessen Umsetzung spielen. Unabhängig davon, ob die Plattenfirmen mit neuen Geschäftsmodellen oder mit erhöhtem technologischen Kopierschutz auf die Digitalisierung reagieren werden, ergeben sich aus der zunehmenden Bedeutung der digitalen Distribution eine Reihe neuer Funktionen. *Zorovic/Powers (2000)* erwähnen einige neue Aufgabenfelder, die in Abbildung 4 dargestellt sind:

---

[277] *King (1999)*, S. 6
[278] *National Research Council (2000)*, S. 90 und *Simon (1971)*

Neue Aufgabenfelder in der Wertschöpfungskette

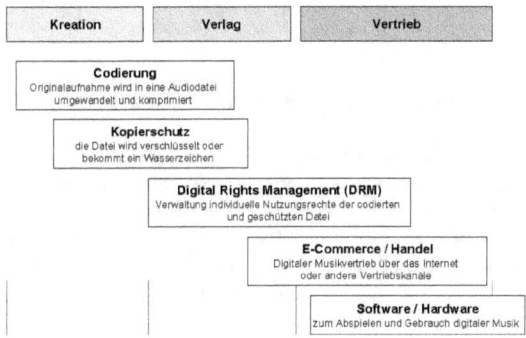

Abbildung 4: *Neue Aufgabenbereiche in der Wertschöpfungskette für digitale Recorded Music; eigene Darstellung, Quelle: Zorovic/Powers (2000), S. 4f.*

Die Originalaufnahmen müssen nicht nur in ein digitales Format gebracht werden, das sich für die digitale Distribution eignet, auch der Kopierschutz muss eingerichtet werden. Eine besondere Rolle kommt dabei dem *Digital Right Management (DRM)* zu, das im engen Zusammenhang mit den in Kapitel C identifizierten zukünftigen Verwertungsmöglichkeiten von digitaler Musik steht: den neuen Geschäftsmodellen bzw. der technologischen Kontrolle der Kopiereigenschaften.[279] Jeder digitalen Kopie werden je nach Entgelthöhe dabei individuelle Nutzungsrechte zugeteilt, die eine genaue Preisdiskriminierung der Konsumentengruppen zuließen. Diese neue Aufgabe ist gemäß den Ergebnissen aus Kapitel C grundlegend, um mit digital distribuierter Musik zukünftig Umsätze zu erzielen.

---

[279] Vgl. Kapitel C, S. 72

Insgesamt ist zu vermuten, dass die Bedeutung von Produktion und Distribution allgemein abnehmen wird[280]. Stattdessen wird das Marketing und die Umsetzung sowie Kontrolle des Kopierschutzes eine zentrale Rolle in der Zukunft spielen.

II. Veränderungen in der Struktur der Musikwirtschaft

1. Konzentration des Marktes

An der hohen Konzentration in der internationalen Musikindustrie wird sich wohl auch in Zukunft nicht viel ändern. Wie in Kapitel B beschrieben wurde, ist eine weitere Fusion unter den Big Five wegen kartellrechtlicher Beschränkungen der Europäische Kommission sehr unwahrscheinlich.[281] Auch ist mit keinen zusätzlichen umsatzstarken Wettbewerbern im herkömmlichen Sinne zu rechnen.

Im letzten Abschnitt wurde angeführt, dass die Bedeutung der gegenwärtigen Distribution von Recorded Music in Zukunft auf den ersten Distributionsstufen abnehmen wird. In Kapitel B wurde die Distribution allerdings als der Bereich identifiziert, auf dem die Marktmacht-Konzentration der Majors besonders stark entwickelt ist. Die Distribution von Musik wird aber durch die Digitalisierung langfristig neu definiert werden. Die Frage, die sich daraus ergibt, ist, wer die neue Distribution über Computernetzwerke und diverse neue Abspielgeräte kontrollieren wird. In diesem Bereich ist die Marktmacht der Majors durch die zunehmende Digitalisierung zumindest in Frage gestellt worden. Eng verbunden mit der Kontrolle der Distribution ist der Standard, der sich bezüglich der Sicherung und Kontrolle des Kopierschutzes für digitale Musikdateien durchsetzen wird. Denn wie im vorangestellten Abschnitt angeführt wurde, besteht eine zentrale Aufgabe der zukünftigen Distribution auch in der Kontrolle der unautorisierten Reproduktion.

---

[280] Vgl. *Shirky (2001)*, S. 148

Für die Independents ist zu erwarten, dass noch mehr kleine, eigenständige Labels auf den Markt kommen werden, da die Kosten für die Produktion und die Distribution gesunken sind. Die Independents profitieren von der Disintermediation, da sie auch ohne die Abhängigkeit von den Distributionsabteilungen der Majors, Musik weltweit über das Internet vertreiben können. Es kann also davon ausgegangen werden, dass die Vielfalt des Musikangebots weiter zunimmt. Allerdings bedeutet das auch, dass zukünftig der Vermarktung eine noch größere Bedeutung zukommen wird. [282] In Kapitel B wurde gezeigt, dass der Anteil der Marketungkosten am Gesamtbudget einer Musikproduktion besonders hoch ist. Vor allem die Majors verfügen über die notwendige Erfahrung und die wichtigen Kontakte zu den Medien[283], um bei der Vermarktung von Musik erfolgreich zu sein.

Der traditionelle Nachteil der Independents, den Erfolg ihrer Musiker nicht durch eine wirkungsvolle Vermarktung erhöhen zu können, wird also durch die Digitalisierung weiter verstärkt.

Wenn die Annahme zutrifft, dass vor allem Marketing und Kopierschutz in Zukunft die Schlüsselkriterien für den wirtschaftlichen Erfolg sein werden und gleichzeitig die Bedeutung der digitalen Distribution zunimmt, dann werden die traditionellen Plattenfirmen u.U. mit neuen Wettbewerbern aus benachbarten Industrien rechnen müssen. Denn auch andere Unternehmen verfügen in diesen Bereichen über die notwendigen Ressourcen. Insbesondere Medienunternehmen besitzen das Marketing-Know-how, das für die erfolgreiche Vermarktung von Musik benötigt wird. *Leonard (2001)* führt als einen zukünftigen potenziellen Konkurrenten der Majors den Musikfernsehsender MTV an, der zum Medienkonzern Viacom gehört.[284] MTV verfüge im Gegensatz zu den Majors nicht nur über einen weltweit bekannten und ständig präsenten Markennamen für Musik, sondern auch über einen erfolgreichen direkten Zugang zu den relevanten Ziel-

---

[281] Vgl. Kapitel B, S. 39
[282] Vgl. Kapitel D, S.77
[283] Insbesondere zum Musikfernsehen und zu den Radiostationen.
[284] Vgl. *Leonard (2001)*, S. 147f

gruppen. Neben anderen wird auch Microsoft als potenzieller Konkurrent erwähnt, der an eigenen Sicherheitsstandards für Musikdateien arbeitet.[285]

2. Markteintrittsbarrieren

Im letzten Abschnitt wurde bereits die Möglichkeit erwähnt, dass neue Wettbewerber den Markt für Recorded Music betreten könnten. Die ökonomische Begründung dafür ist, dass die bisherigen Markteintrittsbarrieren durch die Digitalisierung ihre Bedeutung verlieren. In Kapitel B wurden insbesondere zwei Arten von Markteintrittsbarrieren identifiziert, die die Marktmacht der Majors verstärken und erhalten: die positiven Skaleneffekte in der Distribution und die hohen Fixkosten im Marketing.[286]

Zumindest was die Größeneffekte der Distribution angeht, so ändert die Digitalisierung diesen Zustand nachhaltig. Größenvorteile gibt es bei der digitalen Distribution kaum noch, auch keinen exklusiven Zugang zu den Zwischen- und Großhändlern. Nur in der traditionellen Distribution von CDs, die zweifellos in der nächsten Zeit noch ein wichtiger Absatzkanal bleiben wird, bleiben die Markteintrittsbarrieren bestehen. Langfristig werden die Markteintrittsbarrieren der physischen Distribution jedoch fallen.[287]

Die zweite Eintrittsbarriere wird durch die Digitalisierung nicht verringert, sondern gewinnt gemäß der bisherigen Argumentation sogar an Bedeutung: die Fixkosten und die Erfahrungskurven-Effekte des Marketing. Selbst wenn die Independents in Zukunft ihre Musik weltweit über das Internet vertreiben können, so werden sie nicht alle in der Lage sein, Musiker zu regelrechten Superstars zu vermarkten:

---

[285] Vgl. ebenda, S. 146
[286] Vgl. Kapitel B, S. 39
[287] Vgl. *King (1999)*, S. 4

»Though these companies can move swiftly, they lack experience and established relationships in traditional promotion methods, like radio and television. It will be an uphill battle to gain respect among these outlets and to gain a reputation that will attract top talent.«[288]

Zudem ist es möglich, dass durch die Digitalisierung neue Markteintrittsbarrieren entstehen können, die erst in Zukunft den Wettbewerb im Markt für Recorded Music mitbestimmen könnten. Zum Beispiel könnte die Technologie für die Kontrolle des Kopierschutzes oder der Standard für *Digital Rights Management* (DRM) von einigen wenigen Herstellern kontrolliert und dazu missbraucht werden, andere Anbieter von Musik aus dem Markt zu verdrängen. Wieder ist hier die Marktkonzentration eng verbunden mit der Frage, welche Akteure die Dateistandards und die Kontrollmechanismen des Kopierschutzes kontrollieren werden und welcher Grad der Kompatibilität zwischen ihnen bestehen wird.

Im Bereich der Abspielsoftware haben sich zwei Produkte am Markt durchsetzen können: der *RealPlayer* von *RealNetworks* und der *MediaPlayer* von *Mircosoft*. Beide Anbieter stehen in einem harten Wettbewerb zueinander und haben bisher keine Bereitschaft signalisiert, ihre Systeme kompatibel zueinander zu gestalten.[289] Einheitliche Sicherheitsstandards haben sich noch nicht am Markt durchsetzen können, es gibt derzeit sehr viele Anbieter von Kopierschutz-Mechanismen. Auch RealNetworks und Microsoft arbeiten an eigenständigen Lösungen, um ihre Software für die Plattenfirmen interessanter zu machen. Welcher Standard sich durchsetzen wird, ist noch nicht abzusehen - könnte aber eine entscheidende Bedeutung für die digitale Distribution von Musik haben. Zur Zeit verhalten sich alle Beteiligten wie in einem »*Standardkrieg*« der Netzwerkökonomik.[290] Der Standard selbst könnte zukünftig eine wichtige Markteintrittsbarriere darstellen.

---

[288] Vgl. *King(1999)*, S. 5
[289] Vgl. *Kulzer (2001a)*, S. 21 und *Alpert (2000)*, S. 41
[290] Zur ausführlichen Darstellung des Standardwettbewerbs bei positiven Netzwerkeffekten: vgl. *Katz/Shapiro (1994)*, S. 93 ff. und *Franck/Jungwirth (1998)*, S. 497 ff..

Auch im Bereich des Onlinevertriebs könnten neue Markteintrittsbarrieren entstehen, wenn sich die Majors zusammenschließen würden, um ihre Musik exklusiv über ein eigenes Internetangebot digital zu vermarkten. Ein solches Musikportal könnte schnell zum dominierenden Marktführer für digital distribuierte Musik werden und so nicht nur Druck auf Wettbewerber, sondern auch auf vor- und nachgelagerte Geschäftsfelder ausüben. In Kapitel B wurde gezeigt, dass auf Vertriebs- bzw. Händlerebene normalerweise ein sehr viel stärkerer Wettbewerb herrscht als auf Verlagsebene. Für die digitale Distribution könnte sich das ändern, wenn die Majors das Monopol auf die digitale Vermarktung ihrer Musik behalten und keine anderen digitalen Absatzmittler ihre Musik über das Internet vertreiben dürfen. Doch würde eine solche Taktik sicherlich die internationalen Wettbewerbshüter auf den Plan rufen. Eine andere Möglichkeit wäre, dass die Plattenfirmen ihre Inhalte an viele verschiedene Absatzmittler lizenzieren, um eine möglichst hohe Reichweite zu erzielen.

Tatsächlich haben sich die Majors bereits zusammengeschlossen und im Herbst 2001 gemeinsame Vertriebsplattformen im Internet gegründet, auf denen gebührenpflichtige digitale Musik vertrieben wird.[291] Im April 2001 gaben BMG, Warner Music und EMI ihr gemeinsames Joint Venture mit dem Softwarehersteller RealNetworks unter dem Namen *MusicNet* bekannt; kurz darauf kündigten auch Sony und Universal ein Joint Venture mit dem Namen *Duet* an, das mittlerweile in *PressPlay* umbenannt wurde und für das Microsoft die Software bereitstellt.[292]

Beide Angebote basieren auf einem Abo-Gebührenmodell, unterscheiden sich aber deutlich hinsichtlich des Leistungsangebotes, des zugrunde liegenden Geschäftsmodells und des Musikangebots. Während sich MusicNet als digitaler Musikgroßhändler positioniert, der seine Musik und die notwendige Software an digitale Vertriebspartner wie z.B. AOL und RealNetworks lizensiert und ihnen die Preisgestaltung weitgehend überlässt, versteht sich Pressplay als Musikein-

---

[291] Zur Zeit ist noch unklar, ob sich diese Portale an Endkonsumenten oder Zwischenhändler richten sollen.
[292] Vgl. *Anonym (2001a)*, S. 69

zelhändler und richtet sich direkt an die Musikkonsumenten und an ausgesuchte Vertriebspartner wie Yahoo, MP3.com oder MSN, kontrolliert dabei jedoch weiterhin die Preise. Das Geschäftsmodell von MusicNet ähnelt dabei eher der traditionellen Beziehung zwischen Plattenfirmen und Vertriebspartnern.[293] Was den Konsumstandard angeht, so setzt MusicNet auf eine Streaming-Technologie, während Pressplay seinen Abonnenten auch Downloads und sogar das Brennen auf CDs erlaubt. Allerdings erlöschen die Nutzungsrechte der Dateien nach einiger Zeit. Insgesamt gelten beide Angebote als umständlich, teuer und nur schwer mit den bisherigen Konsumgewohnheiten vereinbar.[294]

Als größtes Manko bezeichnen Kritiker jedoch die Unvollständigkeit der beiden Musikangebote. Bis zum gegenwärtigen Zeitpunkt gibt es keine Vereinbarungen zum *Cross-Licensing*, so dass beide Angebote nur die Musiktitel der kooperierenden Labels enthalten, nicht aber die der Konkurrenz. In Bezug auf die Vollständigkeit des Angebots können die legalen Musikseiten also weder mit den unautorisierten Filesharing-Netzwerken, noch mit traditionellen Plattenläden mithalten. Bisher gab es keine Meldungen der Unternehmen ihre Inhalte in Zukunft gegenseitig oder anderen Oline-Distributoren zu lizenzieren. Im Juni 2001 begann die Wettbewerbsbehörde der Europäischen Kommission eine Untersuchung der beiden Joint Ventures, um sie auf mögliche Wettbewerbseinschränkungen zu prüfen.[295] Zwei Monate später nahm auch das US-Justizministerium seine vorläufigen Untersuchungen auf.[296] Die Wettbewerbshüter fürchten, dass ein digitales Vertriebsduopol für Online-Musik entstehen könnte und die Majors ihre Marktmacht ausnutzen könnten, um die digitalen Vertriebswege gänzlich zu kontrollieren. Zum gegenwärtigen Zeitpunkt ist noch unklar, ob es zu einer Kartellrechts-Klage kommen wird. Auch ist nicht sicher, ob die beiden Angebote ihre eigenen Inhalte einander lizenzieren werden und ob auch andere Onlineplattformen Lizenznehmer der Big Five werden können.

---

[293] Das Verhältnis zwischen Pressplay und seinenVertriebspartnern ähnelt hingegen eher dem zwischen großen Fluglinien und kooperierenden Reisebüros.

[294] Vgl. hierzu *Lewis (2002)*, S. 115ff., *Grover, Lowry und Weintraub (2001)*, S. 78f. und *Mullaney (2002)*, S. EB 6

[295] Vgl. *Mitchener (2001)*, S. 2

Keine der beiden Vertriebsplattformen gilt bisher als erfolgreich.[297] Und daran wird sich vermutlich auch nicht so schnell etwas ändern: Jorgen Larsen, Vorstandsvorsitzender von Universal Music International, gab sich zuletzt sehr vorsichtig bezüglich des Cross-Licensing: er rechnet erst bis Mai 2003 mit Verträgen, die zu einer besseren Vollständigkeit des Musikangebots führen.[298] Und so verwundern auch nicht die pessimistische Einschätzung des Marktforschnungsunternehmen Jupiter, legale Musikportale würden sich frühestens Mitte 2003 am Markt behaupten können.[299]

3. Produktdifferenzierung

Die Digitalisierung ändert nichts an der Tatsache, dass die Anbieter verschiedener Musiktitel als Quasi-Monopolisten[300] meist vollständig differenzierte Produkte anbieten, die sich nur indirekt als Substitute füreinander eignen. Es ist deshalb auch zukünftig kein Preiswettbewerb, zumindest nicht zwischen diesen Quasi-Monopolisten von Recorded Music zu erwarten.

Gelingt es der Musikindustrie allerdings, die technologische Kontrolle über digitale Musik und deren unautorisierte Kopien zu erlangen, so wird der Produktdifferenzierung zukünftig eine weitere wichtige Rolle zukommen. Es wäre zum Beispiel denkbar, dass von einer neuen Musik-Single mit einem leistungsstarken DRM-System drei verschiedene digitale Versionen vermarktet werden. Eine qualitativ inferiore Version, die umsonst verbreitet wird und beispielsweise nur den halben Song enthält, dafür aber unbegrenzt kopiert und verteilt werden kann und zudem auf jeder gängigen Software und Hardware abspielbar ist. Außerdem eine sehr preiswerte Version, die nicht kopiert werden und insgesamt nur zwanzigmal – unabhängig von welchem Gerät - abgespielt werden kann. Danach löscht sich die Datei von selbst. Und zu einem höheren Preis schließlich eine

---

[296] Vgl. *Associated Press (2001b)*
[297] Vgl Padberg (2002), S. 106
[298] Vgl. Goldsmith (2002)
[299] Vgl. Padberg (2002), S. 106
[300] Vgl. Kapitel A, S. 7 und Kapitel B, S. 43

Version, die unendlich häufig angehört, allerdings nicht kopiert werden kann und nur auf vorher angemeldeter Hard- und Software abgespielt werden kann.

Wäre es also möglich, die in Kapitel C identifizierten Schlüsseleigenschaften für die unautorisierte Reproduktion beliebig zu manipulieren, so könnten die Hersteller durch diese preispolitisch motivierte Produktdifferenzierung preisdiskriminierend am Markt auftreten und damit ihre Gewinne maximieren. *Varian (1997)* spricht in diesem Zusammenhang für Informationsgüter allgemein von Qualitätsdiskriminierung oder Versioning.[301]

4. Vertikale Integration

Die Digitalisierung hat in den vergangenen Jahren zu einem regelrechten Wettlauf der Majors um Akquisitionen von Online-Musikanbietern und Technologiefirmen geführt. Etwas weniger aktuell, dafür umso bedeutender ist die Fusion zwischen dem Internetanbieter American Online (AOL) und dem Medienkonzern Time Warner im Januar 2000. AOL ist mit 29 Millionen zahlenden Kunden der weltweit größte Internet Service Provider (ISP).[302] Zumindest Warner Music verfügt mit seinem neuen Mutterkonzern damit über ein leistungsstarkes digitales Geschäftsfeld und einen breiten digitalen Zugang zu Endkonsumenten, den sich das Musikvertriebsportal Pressplay bereits zu Nutze macht.[303]

Im Oktober 2000 erwarb Bertelsmann[304] das Recht auf eine Mehrheitsbeteiligung an der erfolgreichsten Filesharing-Plattform Napster. Mittlerweile ist das Internetangebot aufgrund einer richterlichen Anordnung geschlossen worden und soll nach großen finanziellen und unternehmerischen Wirren bis Ende 2002 zu einem gebührenpflichtigen und kopiersicheren Abonnementservice umgebaut

---

[301] Vgl. *Varian (1997)*, S. 1; für eine ausführliche Darstellung zum Versioning von Informationsgütern: Vgl. *Shapiro/Varian (1999)*, S. 53-82.

[302] ISPs bieten ihren Kunden für ein Entgelt einen Internetzugang sowie ein Softwarepaket an, das die wichtigsten Funktionen des World Wide Web unterstützt.

[303] Für eine ausführliche Untersuchung der Fusion: vgl. *Commission of the European Communities (2000)*.

[304] Bertelsmann ist der Mutterkonzern von BMG.

werden.[305] Ebenfalls im Oktober 2000 kaufte Bertelsmann das Online-Musikportal *CDnow*.

Im Mai 2001 hat Vivendi Universal, Mutterkonzern des umsatzstärksten Majors, Universal, für 372 Millionen US$ die Internetfirma MP3.com übernommen, die ebenfalls als einer der großen Pioniere unter den Online-Musikanbietern gilt. MP3.com veröffentlicht in seiner Online-Community insbesondere die Musik weniger bekannter Musiker ohne festen Plattenvertrag und trat damit bisher als digitaler Konkurrent zu traditionellen Plattenfirmen auf. Insgesamt 14,2 Millionen Kunden nutzen MP3.com bereits, um dort autorisierte Musik im Streamingformat zu kaufen, zu speichern und abzuspielen.[306] Um seine Onlinepräsenz weiter auszubauen, hat Universal zudem die kleineren Online-Angebote *GetMusic* und *Emusic* übernommen, auf denen Informationen und Fanartikel angeboten werden.

Neben den Bemühungen der Majors, über Akquisitionen möglichst schnell die nötigen Ressourcen für die digitale Distribution von Recorded Music einzukaufen und den vertikalen Integrationsgrad zu erhöhen, spielen auch Allianzen und Kooperationen als Reaktion auf die Digitalisierung eine wichtige Rolle: zum einen die horizontalen Kooperationen zwischen den fünf Majors und zum anderen die vertikalen Kooperationen mit Unternehmen aus nachgelagerten Geschäftsfeldern, wie den Herstellern von Abspielgeräten und Abspielsoftware. Die horizontalen Kooperationen, aus denen die digitalen Vertriebsplattformen *MusicNet* und *PressPlay* entstanden sind, wurden bereits im Abschnitt zwei vorgestellt.[307] Interessant sind jedoch auch die Kooperationen mit RealNetworks und Microsoft, die jeweils die Abspieltechnik für die beiden Abonnement-Services bereitstellen und selbst im harten Wettbewerb um den *de facto Standard* stehen.

Durch diese Kooperationen erreichen die Majors ein besonders hohes Maß an vertikaler Integration, denn zumindest stellt ihre Musikdateien nur via Strea-

---

[305] Vgl. *Meier/Clark (2001)*
[306] Vgl. *Weintraub//Grover (2001)*, S. 43
[307] Vgl. Kapitel D, S. 82

ming-Technologie zur Verfügung, so dass Musik nur Online konsumiert werden kann und nicht für eine Offline-Wiedergabe oder zum Reproduzieren gespeichert werden kann.[308] Erstmalig kontrollieren die Plattenfirmen dann auch die zeitliche und räumliche Dimension des Konsums ihrer Musik - und nicht nur den Verkauf ihrer Tonträgermedien.

Abbildung 5 fasst die aktuellen Kooperationen und Beteiligungen auf horizontaler sowie auf vertikaler Ebene zusammen und macht deutlich, welchen großen Einfluss die Majors in kürzester Zeit im Online-Musikmarkt als Reaktion auf die Digitalisierung aufbauen konnten: Denn die beiden neu gebildeten Joint Ventures vereinen nicht nur die fünf weltweit größten Produzenten von Recorded Music, sondern auch die wichtigsten Online-Musikangebote und die Hersteller der populärsten Abspielsoftware. Sie verfügen also neben der wichtigsten internationalen Musik über einen digitalen Zugang zur Mehrheit aller Internetnutzer und über die bereits weit verbreitete Software zum Abspielen ihrer Dateien. Das Ergebnis ist ein potenzielles Duopol auf digitale Distribution von Musik, basierend auf den zwei konkurrierenden technologischen Sicherheits- und Abspielstandards Real und Windows.

---

[308] Vgl. die Ausführungen zur Streaming-Technik in Kapitel A, S. 13

Aktuelle Konzentrations-Entwicklung

Big Five	BMG	EMI	Warner	Vivendi/Universal	Sony
Portale, ISPs	AOL			Yahoo	MSN
		RealNetworks			
Online-Music Sites	CD-Now			MP3.com	
	Napster			E Music	
				GetMusic	
Software Players		Real Player		Microsoft Mediaplayer	
Hardware Players					Sony
		MusicNet		Pressplay	

Abbildung 5: *Aktuelle Konzentration in der internationalen Musikindustrie als Reaktion auf die Digitalisierung. Eigene Darstellung, Quellen: Kulzer (2001a), S. 21; Alpert (2000); Leonard (2001), Weintraub//Grover (2001), S. 43; Anonym (2001a), S. 69, Grover/Lowry/Weintraub (2001), S. 78f.*

Die beschriebenen Entwicklungen betreffen vor allem die digitale Distribution von Recorded Music. Man darf jedoch nicht vergessen, dass diese Art des Vertriebs bisher und vermutlich auch in den nächsten Jahren noch keine große Bedeutung hat. Der Großteil des Umsatzes mit Recorded Music wird weiterhin durch den physischen Vertrieb von CDs erzielt werden, die Digitalisierung hat darauf und auf die Beziehung der Plattenfirmen zu den traditionellen, nachgelagerten Distributions- und Handelsstufen zunächst also keinen direkten Einfluss. Die Absicht der Majors, die digitale Distribution zukünftig alleine und ohne die bisherigen Vertriebspartner kontrollieren zu wollen, zeigt allerdings, dass auch die Majors langfristig von einer Disintermediation ausgehen und diese Chance zu ihren eigenen Gunsten nutzen möchten. Das bedeutet aber auch, dass sich die Verhandlungsmacht zwischen dem Handel und den Verlagen mittelfristig zugunsten der Musikverlage verschieben wird. Denn sie haben zukünftig eine attraktive Alternative zum schwerfälligen physischen Vertrieb ihrer CDs über die traditionellen Absatzmittler.

III. Veränderungen im Marktverhalten der Musikwirtschaft

Die neuen Strukturen, die durch die zunehmende Bedeutung von digital distribuierter Musik entstehen, haben auch das Verhalten der Plattenfirmen verändert. Die bisherigen Reaktionen der Musikindustrie auf das unautorisierte Kopieren sind sehr unterschiedlich und lassen sich an dieser Stelle nicht ausführlich dokumentieren. Allgemein kann man sie aber in juristische und technologische Gegenmaßnahmen unterteilen.

Auf juristischer Seite wird durch die internationalen Interessensvertretungen der Plattenfirmen ein strengerer Urheberrechtsschutz und dessen wirkungsvolle exekutive Durchsetzung gefordert. Außerdem schöpft die Industrie bestehende rechtliche Spielräume aus, um gerichtlich gegen unautorisiertes Kopieren anzukämpfen. *Fisher (2000)* identifiziert in der bisherigen Entwicklung vier Gruppen von juristischen Gegnern der Musikindustrie[309]: (1) einzelne Individuen, die unautorisiert Musik kopieren oder aus dem Internet herunterladen, (2) die Hersteller von MP3-Abspielgeräten und Abspielsoftware[310], (3) Betreiber von Internetseiten, auf denen unautorisierte Musikdateien zum Herunterladen angeboten werden[311] und (4) Suchmaschinen, die den Internetnutzern das Auffinden und Herunterladen von unautorisierten Kopien ermöglichen.[312] Bereits im Dezember 1999 leitete eine Interessensgemeinschaft der *Big Five*, die *Recording*

---

[309] Vgl. *Fisher (2000)*, S. 2

[310] Z.B. die Klage der RIAA gegen Diamond Multimedia, den Hersteller des MP3-Players Rio. Für eine ausführliche Darstellung der Auseinandersetzungen: vgl. *National Research Council (2000)*, S. 92 f..

[311] Allein im Jahr 2000 erreichte die IFPI, dass 15.000 solche Websites mit insgesamt über 300.000 unautorisierten Musikdateien abgeschaltet wurden. Vgl. *IFPI (2001b)*, S. 8

[312] Für eine ausführliche Darstellung der unterschiedlichen Rechtsstreitigkeiten: vgl. *Fisher (2000)*, S. 3 ff..

Industry Association of America (RIAA), rechtliche Schritte z.B. gegen die Filesharing-Plattform Napster ein.[313] Zu diesem Zeitpunkt liefen bereits Klagen gegen verschiedene Internetportale, die Suchfunktionen speziell für MP3-Dateien anboten.

Auf technologischer Seite wird versucht, die Umwandlung von Audiodateien in das MP3-Format bzw. die unbeschränkte Kopierbarkeit von digitalen Musikdateien allgemein einzuschränken oder zu verhindern. Dazu gründeten die wichtigsten Plattenfirmen Anfang 1999 zusammen mit einer Reihe anderer Unternehmen *die Secure Distribution of Music Initiative (SDMI)*, um einen gemeinsamen Kopierschutz-Standard zu entwickeln und geschlossen gegen die zunehmende Online-Piraterie aufzutreten.[314] Verschiedene andere Anbieter arbeiten ebenfalls an technologischen Kopierschutz-Mechanismen, bis zum gegenwärtigen Zeitpunkt hat sich noch kein Sicherheitsstandard am Markt etabliert.

Doch die Reaktionen der Majors auf die Digitalisierung sind nicht nur durch einschränkende Gegenmaßnahmen gekennzeichnet. Kurz nach den ersten Klagen versuchten die Plattenfirmen bereits, die eigenen Unternehmen durch Akquisitionen auf die Digitalisierung einzustellen und die zukünftig wichtigen Ressourcen wie technologisches Know-how, Online-Marketing-Erfahrung aber auch einen digitalen Kundenstamm in die eigene Organisation zu integrieren. Auch veränderten sich die Rollen der Majors: die Ankläger von Napster, MP3.com und den anderen Plattformen für Online-Musik wurden plötzlich zu ihren Investoren. Zum Zeitpunkt, als Bertelsmann bei Napster einstieg, liefen noch immer die Klagen der Majors gegen das Filesharing-Programm. Bertelsmann wechselte plötzlich die Seiten und danach war ein regelrechter Wettbewerb der Majors um die wichtigsten Anbieter von Online-Musik zu

---

[313] Für eine Zusammenfassung der genauen Ereignisse und juritischen Schritte im Napster-Fall: vgl. *Castelluccio (2001)*, S. 52-57.
[314] Vgl. *Cheng (1999)*, S. 42f.

beobachten.[315] Dazu kamen die Allianzen der Majors untereinander und mit den wichtigsten Technologiepartnern.

Die Kooperation zwischen den Majors hat vermutlich zwei Gründe: zum einen geht es in diesem frühen Stadium der Online-Distribution darum, funktionierende Standards bezüglich der Geschäftsmodelle, der Dateiformate und der Angebotsform zu entwickeln. Es macht wenig Sinn, dies individuell zu tun, das Joint Venture spart Kosten und erhöht die Aussicht auf Erfolg. Noch wichtiger ist aber, dass es bei der bisherigen Angebotsstruktur der Majors sinnlos wäre, getrennt voneinander über einzelne Kanäle im Internet Musik anzubieten. Die Marken der Plattenfirmen werden von den Konsumenten kaum in Beziehung zu den Musikern gesetzt. Kaum ein Madonna-Fan weiß, zu welcher Plattenfirma seine »Angebetete« gehört. Die Konsumenten von Recorded Music sind gewohnt, ihre Musik, egal unter welchem Label sie erscheint, aus einer Hand zu beziehen.

Bereits die jetzige Konzentration mit den beiden Vertriebsplattformen *MusicNet* und *PressPlay* hat den großen Nachteil, dass die Konsumenten Mitglieder beider Anbieter werden müssten, um den Großteil der populären Musik hören zu können. Die gegenseitige Lizenzierung bleibt fraglich, denn die beiden Koalitionen haben ungleiche Machtpositionen. Während *PressPlay* mit Sony und Universal zusammen über einen größeren Marktanteil verfügen und damit die populärere Musik anbieten, hat *MusicNet* über AOL die bessere technische Infrastruktur und direkten Zugriff auf größere Konsumentengruppen:

> »Many in the industry fear that if the five Majors license their content to *MusicNet*, AOL Time Warner, which is *MusicNet*'s primary distributor through American Online will wind up as the gatekeeper for music on the internet.«[316]

Zudem sind die Software-Partner RealNetworks und Microsoft scharfe Konkurrenten und haben kein Interesse daran, eine technologische Kompromisslösung

---

[315] Vgl. Kapitel D, S. 83 f.
[316] *Leonard (2001)*, S. 147

herbeizuführen.³¹⁷ Ein Zusammenschluss von *PressPlay* und *MusicNet* könnte ferner dazu führen, dass die Wettbewerbsbehörden von den Majors verlangen, ihre Musikdateien auch anderen Internetanbietern als Lizenzgeber zur Verfügung zu stellen.³¹⁸ Gegenüber Dritten haben die Majors aber den bedeutenden Nachteil, selbst noch keine populäre Onlinemarke etabliert zu haben. Sie könnten dann die Kontrolle über den Musikkonsum der Zukunft an andere Wettbewerber, die sich bereits als Ecommerce-Anbieter durchgesetzt haben, verlieren. Die gegenwärtige Konstellation ist also weder für die Kunden noch für die Majors optimal. Insbesondere das Angebotsverhalten der Plattenfirmen hinsichtlich der zukünftigen Produktgestaltung und der zukünftigen Preispolitik werden über die weitere Entwicklung in der Musikwirtschaft entscheiden. Auf beide Bereiche wird im folgenden kurz eingegangen:

Die Produktpolitik der Plattenfirmen wird grundlegend vom etablierten technischen Kopierschutz-Standard abhängig sein. Wie bereits im Abschnitt zur Produktdifferenzierung erwähnt, sind durch technische Manipulation verschiedene Versionen der Endprodukte denkbar.³¹⁹ Dieses Versioning bezieht sich auf das Konsumformat der Musik. Die Produktpolitik der Plattenfirmen bezüglich des Originals wird sich vermutlich kaum ändern: die Firmen werden auch in Zukunft versuchen, erfolgreiche Musiker zu entdecken und das Erfolgrisiko durch ein breites Produktportfolio zu mindern. Allerdings ist ein neuer Wettbewerb in der Produktpolitik auf Händlerebene zu erwarten, unabhängig davon, wer diesen Bereich zukünftig kontrollieren wird. Neue Konsumformate der gleichen Musik werden zukünftig miteinander konkurrieren. Ein Konsument wird sich die Hitsingle seines Lieblingsstars als CD kaufen, eine Online-Datei herunterladen oder über eine Mitgliedschaft in einem Streaming-Audio-Club Online-Zugriff auf diese Datei haben können. Die Dimensionen der Produktdifferenzierung sind dabei vor allem die Reproduzierbarkeit, die Bündelung von Inhalten, die Haltbarkeit, die Abspiel-Systemkompatibilität, der Besitz und die Art des Zugriffs.

---

[317] Wie erwähnt befinden sich die beiden Software-Hersteller mit ihren Produkten *Windows MediaPlayer* und *RealPlayer* in einem harten Wettbewerb um den *de-facto-Standard* zum Abspielen von Online-Musik.

[318] Vgl. *Leonard (2001)*, S. 146

Vermutlich werden sich auch hier verschiedene Standards etablieren, die gegeneinander konkurrieren.

Eine wichtige Determinante für den Erfolg dieser unterschiedlichen Konsumformate werden die Höhe der Wechselkosten sowie die Preise pro konsumierter Musikeinheit sein. Die Preispolitik wird also eng mit der Kompatibilität, der Produktgestaltung und den künftigen Konsumformat-Standards verbunden sein.

Viele Autoren fordern, dass das Preisniveau für Recorded Music zukünftig deutlich sinken muss.[320] Das wird zum einen damit begründet, dass fast ein Drittel des gegenwärtigen Verkaufspreises im Falle der digitalen Distribution wegfallen würde.[321] Zum anderen wird erwartet, dass Konsumenten zukünftig nicht mehr ganze Alben, sondern nur einzelne Songs nachfragen werden. Insgesamt kann dann erwartet werden, dass die Preise sinken müssen. Die Konzentration der Musikindustrie auf Musikalben entspricht preispolitisch dem Bundling-Ansatz von *Bakos/Brynjolfsson (1996)*, wonach bei Gütern (in diesem Fall einzelnen Songs) mit sehr unterschiedlichen Reservationspreisen[322] eine Bündelung zu einem höheren Gewinn für den Anbieter führt.[323] Dieser Effekt könnte durch die digitale Distribution aufgehoben werden und unpopuläre Songs, die bisher auf Alben mitgekauft wurden, werden von den Konsumenten nicht mehr subventioniert.

Neue Konsumformate könnten aber auch ganz neue preispolitische Ansätze mit sich bringen. Im Zusammenhang mit den beiden Musikportalen *PressPlay* und *MusicNet* wurden bereits Abonnement-Gebührenmodelle erwähnt. Die Ergeb-

---

[319] Vgl. Kapitel D, S. 83

[320] Vgl. *Platt (2001)*, S. 127; *Brashares (2000)*, S. 4; *Leonard (2001)*, S.146

[321] Vgl. Kapitel B, S. 43. Dabei wird allerdings nicht berücksichtigt, dass für den Kopierschutz und die digitale Distribution auch neue Kosten anfallen werden.

[322] Der Begriff *Reservationspreis* bezeichnet denjenigen Preis, zu dem der Konsument gerade indifferent ist zwischen Konsum und Konsumverzicht. Der individuelle Reservationspreis entspricht also der maximalen Zahlungsbereitschaft des einzelnen Konsumenten.

[323] Für eine ausführliche Darstellung des Bundling-Effekts bei Informationsgütern: vgl. *Bakos/Brynjolfsson (1997) und (1997)*.

nisse aus Kapitel B machen die potenziellen Vorteile solcher Modelle deutlich: Wenn nur ein geringer Prozentsatz der Musik erfolgreich ist und die Umsatzströme deshalb sehr risikobehaftet und volatil sind, so bedeutet ein Abonnement-Modell eine Glättung der Einnahmen. Dies entspricht wiederum der Argumentation des Bundling bei Alben - nur dass bei den Abonnement-Vermarktungsplattformen über ein größeres Bündel an Gütern aggregiert wird.[324]

Auch das Preismodell wird darüber entscheiden, welcher Standard der neuen Konsumformate sich durchsetzen wird. Es kann davon ausgegangen werden, dass der Wettlauf aller Beteiligten um die Errichtung eines de facto Standards hinsichtlich des Dateiformates, des Kopierschutzes und des zukünftigen Konsumformates zu einem höheren Preiswettkampf zwischen den Anbietern führen wird. Denn der Preis kann als wettbewerbliches Mittel eingesetzt werden, um die strategische Position der Beteiligten im Standardkrieg zu beeinflussen.[325] Der bisherige Preiswettbewerb, der nur auf Händlerstufe stattgefunden hat, könnte sich also durchaus auch auf die Preise der Plattenfirmen ausweiten.

IV. Veränderungen im Marktergebnis der Musikwirtschaft

Wie genau der neue Musikkonsum aussehen wird, ist nur schwer zu prognostizieren – sicher ist nur, dass die Online-Distribution über Informationsnetzwerke langfristig eine zunehmend wichtigere Rolle spielen wird. Wird Musik zukünftig gekauft und geht in Form einer Tonträgerkopie in den Besitz des Konsumenten über oder wird Musik nur noch verliehen und lässt sich jedes Mal nur zeitlich begrenzt nutzen? Befindet sich die Musik wie bisher beim Konsumenten, der

---

[324] Für eine ausführliche Diskussion aggregierender Preismodelle wie z.B. der Monatsgebühr: vgl. *Bakos/Brynjolfsson (1997b), Fishburn/Odlyzko (1997)* und speziell zum Bundling von digitaler Musik: *Altinkemer/Bandyopadhyay (1999).*

[325] Niedrigpreisstrategien kommt in der Phase der Etablierung eines Standards große Bedeutung zu. Sogenanntes *Penetration Pricing* kann als Produkt-Promotion eingesetzt werden, um sich eine bessere Ausgangsbasis zu verschaffen. Vgl. hierzu *Besen/Farrell (1994),* S. 122ff.

gekaufte oder geliehene Kopien offline abspielen kann, oder lagert die Musik beim Anbieter und wird nur online für jeden einzelnen Kunden konsumierbar *(Music on Demand)?* Die Digitalisierung lässt eine ganze Reihe unterschiedlicher Nutzungsmodelle für Recorded Music zu. Welches Ergebnis sich am Markt durchsetzen wird, ist gegenwärtig noch nicht absehbar.

Die größte Kontrolle über die digitale Distribution hätten die Plattenfirmen vermutlich, wenn Musik lediglich online konsumiert werden könnte.[326] Ob dieses Modell aber auch von den Kunden akzeptiert würde, ist fraglich. *Leonard (2001)* beispielsweise bezweifelt das sehr:

> »But as any consumer knows, a song is not like a TV show. People want to own their music, to take it places, to listen to their favorites years from now, to share music with their friends. None of that is possible with *MusicNet* or *Duet*.«[327]

Entscheidend für alle zukünftigen Konstellationen wird sein, welche Art von digitalem Kopierschutz sich durchsetzt. Die Bemühungen der SDMI haben bis heute keinen leistungsstarken Sicherheitsstandard hervorgebracht.[328] Da diese Frage also noch nicht geklärt ist, sind zum gegenwärtigen Zeitpunkt verschiedene Szenarien denkbar. In Anlehnung an *Tschmuck (2000)* werden hier nur zwei Extremsituationen vorgestellt, die sich aus der Frage des Kopierschutzes ableiten lassen:[329]

Zum einen wäre denkbar, dass sich die fünf Majors auf einen voll kontrollierbaren Kopierschutz-Standard einigen. Gleichzeitig erweitern sie ihre vertikale In-

---

[326] Deshalb favorisieren die Majors für ihre Vertriebsplattformen *PressPlay* und *MusicNet* auch Streaming-Technologien.

[327] *Leonard (2001)*, S. 146

[328] Bei dem zuletzt von der SDMI präsentierten Kopierschutzmechanismus, der auf sogenannten digitalen Wasserzeichen beruhte, wurden bereits nach kurzer Zeit von einer Gruppe von Wissenschaftlern der Princeton Universität erhebliche Sicherheitslücken aufgezeigt. Seither sind keine neuen Standards vorgestellt worden. Zum aktuellen Stand der Entwicklungen: vgl. *Beißmann (2001)*, S. 20 f. und *Herbst (2001)*, S. 21.

[329] Vgl. *Tschmuck (2000)*, S. 6

tegration und bilden starke Allianzen mit Internet Service Providern und Technologiefirmen. Mithilfe dieser Allianzen gelingt es Ihnen, den unautorisierten Datenaustausch von MP3-Dateien technisch zu unterbinden, die einzige Musik im Netz befindet sich jetzt in ihren Vertriebsplattformen und einigen Angeboten der Independents. Die Majors beherrschen zudem alle wichtigen Online-Vermarktungskanäle und die technologische Infrastruktur, so dass es ohne ihre Unterstützung schwierig wird, Musik erfolgreich im Internet anzubieten. Sie übernehmen eine Gatekeeper-Funktion und kontrollieren, welche Musik in welcher Art online verfügbar ist. Durch diese Machtposition wäre es den Majors möglich, ihre Gewinnmargen weiter zu erhöhen. Der traditionelle Handel mit physischen Tonträgern würde im Sinne der Majors seine Bedeutung verlieren, da die Disintermediation zu höheren Gewinnen der Majors führen würde. Die Musiker und die Independents gerieten in eine noch stärkere Abhängigkeit von den Majors, die von der Vertragsanbahnung mit den Künstlern bis hin zum Vertrieb ihrer Produkte im Handel und vor allem im Internet alle Bereiche kontrollieren.

Eine andere Möglichkeit bestünde darin, dass es den Majors nicht gelingt, einen leistungsstarken Kopierschutz am Markt durchzusetzen. MP3 setzt sich als Industriestandard durch und wird sich wegen der dezentralen Organisation des Internets und der schwierigen internationalen Rechtslage auch nicht von den Majors verhindern lassen. Das Copyright lässt sich im Internet nicht mehr effektiv durchsetzen. Eintrittsbarrieren fallen, die Vielfalt der Musik wird zunehmen. Viele Musiker bieten ihre Musik direkt an. Neue Informationsmittler wie Musikmagazine und Meinungsforen formieren sich, die die Vielfalt der monatlichen Neuerscheinungen sichten, Transparenz für den Konsumenten herstellen und zu den wichtigsten Vermarktungsinstrumenten werden. Die Plattenfirmen verlieren ihre Bedeutung, ihre Aufgaben werden von anderen Marktteilnehmern übernommen. Die Disintermediation nimmt zu, der traditionelle Handel spielt kaum noch eine wichtige Rolle im Vertrieb von Musik. Da immer weniger Wirtschaftssubjekte an der gesamten Wertschöpfungskette beteiligt sind, reichen geringere Preise aus, um die Margen zu halten. Insgesamt nimmt die Nachfrage nach Musik zu.

Beide Szenarien sind in dieser extremen Ausprägung unwahrscheinlich, sie verdeutlichen aber, welche Bandbreite an Möglichkeiten die weitere Entwicklung zulässt. Das tatsächliche Ergebnis wird vermutlich zwischen diesen beiden Extremen liegen, wobei die aktuellen Akquisitionen und Allianzen andeuten, dass das Ergebnis eher zum ersten Szenario tendieren wird. Es ist nicht zu erwarten, dass die Majors ihre bedeutende Rolle in der Musikindustrie vollends verlieren werden.

Die Veränderungen in der Marktstruktur und im Marktverhalten in der Musikwirtschaft führen zu der Frage zurück, ob die Digitalisierung den Plattenfirmen langfristig schadet oder sie sogar stärkt. Vorausgesetzt, es setzt sich ein hoher Kopierschutz oder ein leistungsstarkes DRM-System am Markt durch, so könnten von der Online-Musik durchaus neue Wachstumsimpulse ausgehen. Wie bereits erwähnt, stagnieren die Umsätze mit Recorded Music seit einigen Jahren.[330] In einer ähnlichen Phase der Stagnation läutete die Einführung der CD im Jahre 1983 eine starke Wachstumsphase ein, die bis in die Mitte der 90er Jahre anhielt.[331] Dieser Impuls ging vor allem von der höheren Soundqualität der CDs aus. Zwar haben online distribuierte Musikdateien keine bessere Soundqualität als CDs, sie könnten den Konsumenten aber trotzdem eine Reihe von Vorteilen bieten. Online-Musikangebote machen Musik einfacher zugänglich und senken damit die Transaktionskosten. In Kapitel C wurde bereits erwähnt, dass die Suche und Auswahl von Musik insbesondere für ältere Konsumentengruppen mit hohen Opportunitätskosten verbunden ist. Ein Abonnement-Geschäftsmodell, in dem Musik einfach per Knopfdruck auswähl- und konsumierbar ist, und die umständliche Auswahl in Fachgeschäften überflüssig macht, könnte diesen Gruppen sehr entgegen kommen. Und gerade ältere Gruppen, die bisher nur sehr wenig Musik konsumieren, stellen in vielen wichtigen Musikmärkten die Mehrheit der Bevölkerung:

---

[330] Vgl. Kapitel B, S. 46
[331] Vgl. *Vogel (1994)*, S. 135 und *Kretschmer/Klimis/Wallis (2000)*, S. 3

»Consumers over 30 – much more numerous and much more affluent – buy far fewer CDs per year, and many of them buy none at all. At five dollars a month for a subscription the industry would lose revenue from anyone who buys more than about eight CDs a year. But the industry would see an enormous increase in revenues from the much larger population that spends more time each year at the dentist's office than in a record store.«[332]

Natürlich trifft diese Argumentation nur zu, wenn Online-Musikangebote von älteren Generationen auch angenommen werden. Gerade diese Zielgruppen kennen sich mit den notwendigen Technologien aber nur wenig aus. Außerdem ist fraglich, ob sich in absehbarer Zeit Geschäftsmodelle durchsetzen werden, die ihren Kunden die gesamte Musik aus einer Hand mit einem komfortablen Leistungsspektrum und zu einem fairen Preis anbieten werden. Denn nur dann würde sich ein solches Angebot auch tatsächlich behaupten können. Der Vorteil des neuen Systems müsste so hoch sein, dass die bisherigen Käufer von CDs trotz ihrer Wechselkosten auf das neue System umsteigen.[333] Die gegenwärtige Konstellation mit den beiden Anbietern *PressPlay* und *MusicNet* deutet nicht darauf hin, dass es ein solch komfortables Angebot in der nahen Zukunft geben wird.

In der Tat gehen die Marktforschungsunternehmen nicht davon aus, dass die online distribuierte Musik die traditionellen Tonträger kurzfristig vollständig ablösen wird. Es wird erwartet, dass die CD-Verkäufe auch noch im Jahr 2010 vier fünftel aller Musikumsätze ausmachen werden.[334] Nach Angaben des Marktforschungsunternehmens *Jupiter Research* wird der Markt für Online-Musik in den nächsten drei Jahren zwar deutlich wachsen, weltweit im Jahr 2005 aber gerade einmal 8,6 Milliarden US$ umsetzen.[335] Zur Online-Musik zählen in dieser Studie neben den Streaming- und Downloadangeboten aber auch die Umsätze, die zwar im Internet initiiert werden, jedoch im realen Vertrieb von physischen

---

[332] *Shirky (2001)*, S. 148

[333] Neben den Wechselkosten ist auch die Unsicherheit zu berücksichtigen, ob sich der gewählte Standard tatsächlich am Markt behaupten kann. Für eine Darstellung der Konsumentenentscheidung für einen neuen Standard: vgl. *Katz/Shapiro (1994)*, S. 108.

[334] Vgl. *Anonym (2001c)*, S. 61

[335] Vgl. *Jupiter Research (2000)*, S. 15

Tonträgern enden. Sie machen den Großteil der prognostizierten Online-Musik aus: Der Anteil der Musik, der tatsächlich digital distribuiert wird, spielt auch im Jahre 2005 mit ungefähr 25% nur eine sehr kleine Rolle. In den USA werden dann von den 5,4 Milliarden US$ Umsatz mit Online-Musik nur knapp 1,35 Milliarden digital distribuiert.

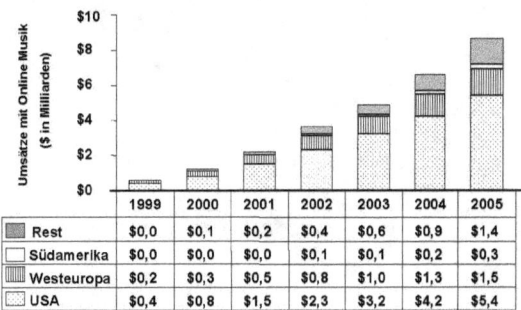

Abbildung 6: Umsatzprognose für den weltweiten Markt für Online-Musik bis 2005; Quelle: Jupiter Research (2000): Digital Music Subscriptions, S. 15.

Der Beitrag, den die digitale Distribution zum Branchenwachstum beitragen kann, wird also kurz- bis mittelfristig als eher gering eingestuft. Es ist fraglich, ob es durch die digitale Distribution also in absehbarer Zeit zu einer Expansion der Musikwirtschaft kommen wird. Langfristig ist das aber durchaus möglich, sobald sich die notwendigen elektronischen Systeme und technologischen Standards am Markt behaupten können. Bis dahin werden - abgesehen von der kurzfristigen Bedrohung durch unautorisiertes Kopieren – vermutlich keine

129

wesentlichen Veränderungen eintreten.. Solange die physische Distribution weiterhin eine so wichtige Rolle spielt, bleibt auch die Marktmacht der Majors über die Distribution als wichtige Markteintrittsbarriere bestehen. Kurzfristig ist die Digitalisierung also eher eine Bedrohung der bisherigen Umsätze als eine Innovation, die das Marktpotenzial nachhaltig ansteigen lässt.

E. Ergebnis und Ausblick

Es wurde gezeigt, dass die Digitalisierung einen nachhaltigen Einfluss auf die internationale Musikwirtschaft haben wird.

Kurzfristig bedroht die Digitalisierung die Umsätze der Musikindustrie. Das unautorisierte Kopieren hat durch den MP3-Standard, die Filesharing-Programme und die zunehmende Verbreitung von CD-Brennern insbesondere in den umsatzstarken Musikmärkten ein unkontrollierbares Ausmaß angenommen und droht, die legale Nachfrage nach Tonträgern teilweise zu verdrängen. Diese Bedrohung ist aufgrund der neuen Gesetzmäßigkeiten der Reproduktion, die durch die Digitalisierung und ihre in Kapitel A identifizierten drei Treiber entstanden sind, real und nicht etwa nur das Schreckgespenst der als profitorientiert und zugleich innovationsscheu geltenden Plattenfirmen. Wie Kapitel C gezeigt hat, werden diese negativen Effekte vermutlich auch nicht durch die in der Literatur aufgeführten positiven Effekte des unautorisierten Kopierens auf die legale Nachfrage nach Informationsgütern kompensiert. Weder die Effekte der Indirect Appropriability noch die positiven Netzwerkeffekte sind im konkreten Fall der Musikindustrie als realistisch anzusehen. Auch die in der vorliegenden Arbeit speziell für die Musikwirtschaft entwickelten Ansätze, die zusätzliche Vorteile des unautorisierten Kopierens auf die legale Nachfrage aufzeigen, sind nicht sehr wahrscheinlich. Zumindest kurzfristig hat die Digitalisierung also einen negativen Nettoeffekt auf den Umsatz in der Musikwirtschaft.

Kapitel B hat die spezifischen Merkmale der Musikindustrie untersucht und die wichtigen beteiligten Wirtschaftssubjekte beschrieben. Dabei wurde klar, dass insbesondere die international erfolgreiche Unterhaltungsmusik für die Umsätze und den wirtschaftlichen Erfolg der Plattenfirmen verantwortlich ist. Einige wenige Interpreten werden weltweit zu sogenannten Superstars und generieren i.d.R. den Hauptanteil der Umsätze für Recorded Music. Das macht die neue Reproduzierbarkeit digitaler Musik aber noch bedrohlicher für die Plattenfirmen: Denn wie Kapitel D gezeigt hat, konzentriert sich das unautorisierte Kopieren gerade auf die Musik dieser wenigen Superstars – also auf die wenigen Musiktitel, die bisher für die Plattenfirmen profitabel war.

Auch langfristig gilt: Wird die unkontrollierte Reproduktion nicht juristisch oder technisch begrenzt, so wird die unautorisierte Verbreitung von Musik über zahlreiche Filesharing-Programme wie *Bearshare, Gnutella* oder *Audiogalaxy* die Umsätze der Musikwirtschaft nachhaltig und dramatisch verringern. Denn eine bessere technische Infrastruktur und eine höhere Akzeptanz der neuen Techniken in der Bevölkerung werden den unautorisierten Musikkonsum wahrscheinlich noch weiter verstärken. Die Ergebnisse aus Kapitel C haben gezeigt, dass ein Mindestmaß an Kopierschutz deshalb die notwendige Bedingung für die zukünftige wirtschaftliche Verwertbarkeit von Recorded Music sein wird. Zumindest die größeren Plattenfirmen werden ohne diesen Kopierschutz langfristig nicht wie bisher existieren können.

Gelingt es den Akteuren, die Reproduktion von Musikdateien qualitativ und quantitativ zu begrenzen, so könnte die Digitalisierung – wirtschaftlich gesehen – langfristig einen positiven Effekt auf die Musikwirtschaft ausüben. Allgemein ist das digitale Konsumformat den bisherigen, von Tonträgermedien abhängigen, Konsumformaten wie der Music-CD sowohl aus Hersteller- als auch aus Konsumentensicht technisch und wirtschaftlich überlegen. Digitale Musik verursacht für den Konsumenten geringere Transaktionskosten und für den Hersteller geringere Distributions- und Produktionskosten. Mit der notwendigen technischen Ausrüstung wird digitale Musik von jedem Ort, zu jeder Zeit und von vielen Kunden gleichzeitig direkt konsumierbar.

Digitale Musik wird sich als neues Konsumformat dauerhaft aber nur durchsetzen, wenn diese Vorteile die Kosten des Konsums auch zukünftig überwiegen und ein Kopierschutz den Konsum nicht unnötig behindert. Gemäß der Standardisierungstheorie wird sich dieser neue Standard des Musikkonsums also nur etablieren, wenn er nicht nur dem alten überlegen ist, sondern auch die Wechselkosten jedes einzelnen Konsumenten rechtfertigt. Bisher waren diese Bedingungen für viele Konsumenten erfüllt, da unautorisierte Musikkopien im

Internet gratis angeboten wurden. Aber auch mit einem Kopierschutz müssen diese Bedingungen erfüllt sein, damit sich digitale Musik als neue Vertriebs- und Konsumform durchsetzen kann. Bisher erfüllen die Konsumformate der internationalen Joint Ventures diese Bedingungen nicht.

Zwar wurde gezeigt, dass ein Mindestmaß an Kopierschutz für ein Fortbestehen der Musikindustrie notwendig ist, wie rigide dieser Kopierschutz jedoch sein sollte, ist damit noch nicht beantwortet. In Kapitel C wurde herausgearbeitet, dass ein »Zero Tolerance« – Kopierschutz für die Plattenfirmen nicht die optimale Wahl darstellt. Ist die Reproduzierbarkeit digitaler Musik kontrollierbar, so könnte ein liberaler Kopierschutz aus Sicht der Plattenfirmen die bessere Wahl sein. Dann könnten auch die positiven Effekte des unautorisierten Kopierens aus Kapitel C einstellen. Unautorisiertes Kopieren könnte in kontrollierten Maßen dann die Nachfrage nach Recorded Music erhöhen. Außerdem ermöglicht die Digitalisierung neue und wirkungsvolle Instrumente der Preis- und Produktpolitik. Mit dem sogenannten Versioning könnten Plattenfirmen z.B. über eine Preisdiskriminierung und eine individuelle Produktdifferenzierung ihre Gewinne erhöhen. Neue Preismodelle wie Monatsgebühren könnten das Erfolgsrisiko der Plattenfirmen senken und kontinuierliche Einnahmen generieren.

In Kapitel D wurde untersucht, welchen Einfluss die Digitalisierung weiterhin auf die Struktur der Musikwirtschaft haben könnte. Bisher wird der internationale Musikmarkt von nur fünf Plattenfirmen, den Majors, dominiert. Insbesondere ihre Finanzkraft, ihr Marketing-Know-how und ihr Distributionsnetz verstärken ihre beherrschende Marktstellung und bilden wirkungsvolle Markteintrittsbarrieren für potenzielle Wettbewerber. Die Digitalisierung stellt diese Vormachtstellung in Frage. Denn zumindest die Markteintrittsbarriere der physischen Distribution wird durch die neuen technischen Möglichkeiten aufgehoben. Mit minimalem Aufwand kann nun jeder Produzent und jeder Musiker seine digitale Musik weltweit im Internet vertreiben. Zumindest kurzfristig wird die digitale Distribution nicht von einzelnen Marktteilnehmern kontrolliert. Zudem könnte sich die Wertschöpfungskette für Recorded Music verkürzen. Vor allem die zukünftige Rolle des traditionellen Handels ist angesichts der Digitalisierung fraglich.

In Kapitel D wurde argumentiert, dass sich die Kernkompetenzen in der Musikwirtschaft durch die Digitalisierung zum Marketing und dem Management eines wirkungsvollen Kopierschutzes bzw. dem DRM verschieben werden. Dabei stellt sich die Frage, ob die bisher dominierenden Majors über die notwendigen Ressourcen für diese neuen Aufgaben verfügen oder ob nicht ganz andere Unternehmen zukünftig ihre Rolle in der Musikwirtschaft übernehmen könnten. Völlig neue Wettbewerber könnten sich z.B. aus der Software-Industrie und aus anderen Medienbranchen herausbilden.

Zwei bereits in Kapitel C identifizierte Merkmale werden vermutlich über die zukünftige Struktur der Musikwirtschaft mitentscheiden: der Konsumstandard und der Kopierschutz. Beide Standards werden entscheidend für die Kontrolle der digitalen Distribution von Recorded Music sein. Doch weder ein wirkungsvoller Kopierschutz noch ein populäres, autorisiertes Konsumformat haben sich bisher am Markt durchsetzen können. Wer die digitale Distribution von Musik kontrollieren wird, ist derzeit also noch vollkommen offen. Inkompatible, geschlossene Standards könnten in der digitalen Distribution zu einer hohen Marktkonzentration führen. Die aktuellen Vorhaben der beiden Joint Ventures MusicNet und PressPlay deuten bereits eine Entwicklung an, an deren Ende ein mächtiges Vertriebsduopol für digitale Musik stehen könnte. Aber auch andere Szenarien sind zum gegenwärtigen Zeitpunkt denkbar; einige von ihnen wurden in Kapitel D vorgestellt und diskutiert.

Bis zu einem gewissen Grad bleibt die Aussagekraft der vorliegenden Untersuchung begrenzt. Zum gegenwärtigen Zeitpunkt ist noch nicht absehbar, wie sich die internationale Musikwirtschaft entwickeln wird. Außerdem sind nur unzureichend empirische Studien verfügbar, die die Thesen dieses Buches unterstützen und die untersuchten Effekte belegen. Wie bereits erläutert sind kurzfristig aufgrund der Digitalisierung keine nachhaltigen Veränderungen in der Musikwirtschaft zu erwarten. Nach Schätzungen von *Jupiter Research* werden traditionelle Konsumformate wie CD-Alben auch in den nächsten fünf Jahren immer noch den Großteil der Umsätze mit Recorded Music ausmachen. Wie das dominierende Format des Musikkonsums danach aussehen wird, ist nur schwer zu prognostizieren. Aufgrund ihrer neuen technischen Möglichkeiten ist es jedoch sehr wahrscheinlich, dass die Online-Distribution über Informationsnetzwerke langfristig eine wichtige Rolle spielen wird.

In Kapitel A wurde gezeigt, warum die Veränderungen der Digitalisierung besonders die Musikindustrie betreffen: das komfortable Dateiformat MP3 und die geringen Kosten des neuen Konsumformats wurden als die wichtigsten Gründe identifiziert. Im Umkehrschluss wird damit deutlich, warum die Auswirkungen der Digitalisierung auf andere Entertainmentbranchen noch nicht so weit fortgeschritten sind. Viele der fundamentalen Auswirkungen auf die wirtschaftlichen Rahmenbedingungen könnten jedoch auch für andere Informationsgüter und andere Branchen der Entertainmentindustrie gelten:

> »What Napster has done to music is just the beginning: movies, books and games are also being reduced to so many zeroes and ones, shot around the world over the Internet and copied at will.«[336]

Für eine fundierte Aussage wäre es notwendig, die einzelnen Industrien wie in der vorliegenden Untersuchung der Musikindustrie genau und detailliert zu analysieren. Wegen der zahlreichen Gemeinsamkeiten und der wirtschaftlichen Ähnlichkeit ihrer Güter erscheint eine solche Untersuchung aber auch im Fall anderer Entertainmentindustrien als lohnenswert und notwendig. Denn die Digitalisierung betrifft, wie in Kapitel A gezeigt wurde, grundsätzlich alle Informationsgüter. Und die Fragen nach der unkontrollierten Reproduktion, nach dem sich durchsetzenden Standard für Dateiformate, dem Kopierschutz den Konsumformaten und die Fragen nach der zukünftigen Struktur des Wettbewerbs und der Wertschöpfungskette - sie alle stellen sich auf ähnliche Weise auch in anderen Branchen der Entertainmentindustrie.

---

[336] *Trsitram (2001)*, S. 29

Die Veränderungen in der Musikindustrie könnten damit der Vorbote eines langfristigen und nachhaltigen Transformationsprozesses sein, der die gesamte internationale Entertainmentindustrie betrifft.

Literaturverzeichnis

ADLER, Moshe (1985): Stardom and Talent, in: American Economic Review, Vol. 75 (1), März 1985, S. 208-212.

ALEXANDER, Peter J. (1994 a): Entry Barriers, Release Behaviour, and Multi-Product Firms in the Music Recording Industry, in: Review of Industrial Organization, Vol. 9, 1994, S. 85-98.

ALEXANDER, Peter J. (1994 b): New Technology and Market Structure: Evidence from the Music Recording Industry, in: Journal of Cultural Economics, Vol. 18, 1994, S. 113-123.

ALLEN, Harry (1998): Digital Underground; in: Vibe, Oktober 1998, URL: www.vibe.com/archive/oct98/docs/digital.html, [Stand: 01.08.2001].

ALPERT, Bill (2000): Plugged in: Will RealNetworks be "Netscaped" by Microsoft?; in: Barron's, Vol. 80 (32), 7. August 2000, S. 41.

ALTINKEMER, Kemal; BANDYOPADHYAY, Subhajyoti (2000): Bundling and distribution of Digitized Music over the Internet; in: Journal of Organizational Computing and Electronic Commerce, Vol. 10 (3), 2000, S. 209-224.

ANONYM (2001a): Business: Going Straight; in: The Economist, Vol. 359 (8216), 7. April 2001, S. 69-70.

ANONYM (2001b): Business: Gone again; in: The Economist, Vol. 359 (8220), 5. Mai 2001, S. 55-56.

ANONYM (2001c): Business: Big Music Fights Back, in: The Economist, Vol. 359 (8226), 16. Juni 2001, S. 61.

ASSOCIATED PRESS (2001a): Napster: Barry Out, Hilbers In; Wired News, 24. Juli 2001; URL: www.wired.com/news/print/0,1294,45497,00.html, [Stand: 24.08.2001].

ASSOCIATED PRESS (2001b): Feds Probe MusicNet, Pressplay; Wired News, 06. August 2001; URL: www.wired.com/news/mp3/0,1285,45875,00.html, [Stand: 28.08.2001].

BAKOS, Yannis; BRYNJOLFSSON, Erik (1996): Bundling Information Goods: Pricing, Profits and Efficiency, Dezember 1996, URL: www.gsm.uci.edu/~bakos/big/big96-12.htm, [Stand: 24.01.2001].

BAKOS, Yannis; BRYNJOLFSSON; Erik (1997): Aggregation and disaggregation of information goods: Implications for bundling, site licensing and micropayment systems,1997, URL: www.gsm.uci.edu/~bakos/aig/aig.html, [Stand: 02.09.2001].

BAKOS, Yannis; BRYNJOLFSSON, Erik; LICHTMAN, Douglas (1999): Shared Information Goods, in: Journal of Law and Economics, Vol. 42 (1), April 1999, S. 117-155.

BEIßMANN, Gernot (2001): Wasserzeichen und digitales Rechte-Management – Kampf gegen die virtuelle Enteignung; in: Computerwoche, Nr. 32, 10. August 2001, S. 20-21.

BELINFANTE, Alexander; JOHNSON, Richard L. (1982): Competition, Pricing and Concentration in the U.S. Recorded Music Industry, in: Journal of Cultural Economics, Vol. 6 (1982), S. 11-24.

BESEN, Stanley M. (1986): Private Copying, Reproduction Costs, and the Supply of Intellectual Property; in: Information Economics and Policy, Vol. 2; 1986, S. 5-22.

BESEN, Stanley M.; KIRBY, Sheila N. (1989): Private Copying, Appropriability and Optimal Copying Royalties, in: Journal of Law and Economics, Vol. 32, Okober 1989, S. 255-280.

BESEN, Stanley M.; FARRELL, J (1994): Choosing How to Compete: Strategies and Tactics in Standardization; in: Journal of Economic Perspectives, Vol. 8, 1994, S. 117-131.

BIKHCHANDANI, Sushil; HIRSHLEIFNER, David; WELCH, Ivo (1992): A Theory of Fads, Dashion, Custom and Cultural Change as Informational Cascades; in: Journal of Political Economy, Vol. 100 (5), 1992, S. 992-1026.

BORCHERS, Detlef (2000): Bis 2005 sollen über 27 Mio. europäische Haushalte regelmäßig Audio und Video online empfangen; in: VDI Nachrichten Nr.36, 8. September 2000, S. 13.

BRASHARES, Beau (2000): 15 MB of Fame, a music industry insider gives his perspective on how the net will, and won't improve the lives of artists, URL: http://cyber.law.harvard.edu/events/netmusic_brbook.html, [Stand 10. Juli 2001].

BURKE, Andrew E. (1996): How Effective are International Copyright Conventions in the Music Industry, in: Journal of Cultural Economics, Vol. 29, 1996, S. 51-66.

CARLTON, Dennis W.; PERLOFF, Jeffrey M. (1990): Modern Industrial Organization,New York, Harper Collins, 1990.

CASTELLUCCIO, Michael (2001): Intellectual Property Online: A Landmark Case; in: Strategic Finance, Vol. 82 (8), Februar 2001, S. 52-57.
CENTRAAL PLANBUREAU (2000): Copyright protection: not more but different, Working Paper Nr. 122. März 2000, URL: www.cpb.nl/nl/pub/werkdoc/122/wd122.pdf [Stand 15.08.2001]

CHENG, Kipp (1999): The song remains the same; in: Mediaweek, Vol. 9 (10), 8. März 1999, S. 42-44.

COMMISSION OF THE EUROPEAN COMMUNITIES (2000): Case No COMP/M. 1845 – AOL./Time Warner, 11. Oktober 2000, URL: http://europa.eu.int/comm/competition/mergers/cases/decisions/m1845_en.pdf, [Stand: 29.08.2001].

CONNER, Kathleen R.; RUMELT, Richard P. (1991): Software Piracy: an Analysis of Protection Strategies, in: Management Science, Vol. 37 (2), Februar 1991, S. 125-139.

CORNEO, Giacomo; JEANNE, Olivier (1999) Segmented communication and fashionable behaviour; in: Journal of Economic Behaviour and Organization, Vol. 39, 1999, S. 371-385.

CORTESE, Amy (2001): Peer to Peer: P2P taps the power of distant computers in a way that could transform whole industries; in: Business Week, Ausgabe: 3726A, Frühling 2001, S. 194-196.

CUSUMANO, Michael A.; MYLONADIS, Yiorgos; ROSENBLOOM, Richard S. (1992): Strategic Maneuvering and Mass-Market Dynamics: The Triumph of VHS over Beta; in: Business History Review, Vol. 66, Frühling 1992, S. 51-94.

DERMÜHL, Peter; BRAUNSCHWEIG, Stefan (2001): Der Einkäufer geht auf Tour, in: werben und verkaufen, Ausgabe 21, Sommer 2001, S. 24-28.

DE VANY, Arthur; WALLS, David (1999): Uncertainty in the Movies; in: Journal of Cultural Economics, Vol. 23, Nummer 4, November 1999, S. 285-318.

DOLFSMA, Wilfred (2000): How will the Music Industry weather the globalization storm?, URL: www.firstmonday.dk/issuee5_5/dolfsma, [Stand 23.05.2001].

DREIER, Thomas (1994): Perspektiven einer Entwicklung des Urheberrechts; in: Urheberrecht und digitale Technologie, Herausgeber: Jürgen Becker und Thomas Dreier. Baden-Baden, Nomos. 1994.

ECONOMIDES, Nicholas; HIMMELBERG, Charles (1995): Critical Mass and Network Evolution in Telecommunications, URL: www.stern.nyu.edu/networks/tprc.pdf, [Stand 20.09.2001].

ECONOMIDES, Nicholas (1996): The Economics of Networks; in: International Journal of Industrial Organization, Vol. 14, 1996, S. 673-699.

EUROPEAN COMMUNICATION COUNCIL (1999): Die Internet-Ökonomie: Strategien für die digitale Wirtschaft, Berlin/Heidelberg/New York et al.: Springer, 1999.

FAHRION, Roland (1989): Wirtschaftsinformatik: Grundlagen und Anwendungen, Heidelberg: Physica, 1989.

FARRELL, Joseph; SALONER, Garth (1985): Installed Base and Compatibility: Innovation, Product Preannouncements, and Predation, in: American Economic Review, Vol. 76, S. 940-955.

FISHBURN, Peter C.; ODLYZKO, Andrew M. (1997): Fixed Fee versus Unit Pricing for Information Goods: Competition, Equilibria and Price Wars, Juni 1997, URL: www.ksg.harvard.edu/iip/econ/odlyzko.html, [Stand: 03.09.2001].

FISHER, William (2000): Future of Digital Music by Harvard Law School, URL: www.stilldigital.com/futureofmusic.htm, [Stand: 07.07.2001].

FRANCK, Egon; JUNGWIRTH, Carola (1998): Produktstandardisierung und Wettbewerbsstrategie, in: Wirtschaftswissenschaftliches Studium, 27. Jahrgang, 1998, Heft 10, S. 497-502.

FRANCK, Egon (2001): Warum gibt es Stars?- Drei Erklärungsansätze; in: Wirtschaftsdienst, Nr. I, 2001, S. 59-64.

FRANK, Robert H.; COOK, Phillip J. (1995): The Winner-Take-All Society, New York, The Free Press, 1995.

GALLAWAY, Terrel; KINNEAR, Douglas (2001): Unchained Melody, a price discrimination-based policy proposal for addressing the MP3 revolution; in: Journal of Economic Issues; Vol. 35, Juni 2001, S. 279-287.

GILBERT, R.; SHAPIRO Carl. (1990): Optimal Patent Length and Breadth; in: RAND Journal of Economics, Vol. 21, 1990, S. 106-112.

GOLDSMITH, Charles (2002): Global Music Business misses a Beat; in: The Wall Street Journal Europe, 17. Juni 2002.

GROVER, Ronald, LOWRY, Tom und WEINTRAUB, Arlene (2001): Can't Get No..., in: Business Week, Issue 3747, 3. September 2001, S. 78-79.

HAEFNER, Klaus (1984): Mensch und Computer im Jahr 2000: Ökonomie und Politik für eine human-computerisierte Gesellschaft, Basel et al., Birkhäuser Verlag, 1984.

HERBST, Klaus (2001): Copyright-Management – Tools sollen die Rechte an Bits und Bytes schützen; in: Computer-Zeitung, Nr. 18, 3. Mai 2001, S. 21.

HOSKINS, C.; MIRUS, R. (1988): Reasons for the US Dominance of the International Trade in Television Programmes, in: Media, Culture and Society, Vol. 10 (October 1988), S. 499-515.

HULL, Geoffrey P.(2000): The Structure of the Recorded Music Industry, in: GRECO, Albert N. (Hrsg.), The Media and Entertainment Industries, Boston: Allyn and Bacon, 2000, S.76-98.

IFPI (2000): The Recoding Industry in Numbers 2000: the definite source of global music market information; London: RH Publications, 2000.

IFPI (2001a): 2000 Recording Industry World Sales, April 2001, London: 2001.

IFPI (2001b): 2001 IFPI Music Piracy Report, Juni 2001, London, 2001.

IFPI (2001c): The Recoding Industry in Numbers 2001: the definite source of global music market information; London: RH Publications, 2001.

IFPI (2001d): Recording Industry World Sales 2000: CD albums up, overall unit sales down 1.2%; Pressemitteilung vom 19.April 2001, URL: www.ifpi.org, [Stand: 14.09.2001].

IFPI (2002): Global Music Sales Down 5% in 2001, Pressemitteilung vom 16. April 2002, URL: www.ifpi.org, [Stand: 29.04.2002]

IPSOS (2001): Download weiter auf dem Vormarsch; 30. Juli 2001; URL: http://www.ipsos.de/news/frame-news.html, [Stand: 26.08.01].

JOHNSON, William R. (1985): The Economics of Copying, in: Journal of Political Economy, Vol. 93, 1985, S. 158- 174.

JUPITER RESEARCH (2000): Digital Music Subscriptions, Jupiter Vision Report on Post-Napster Product Formats, New York, Jupiter Research, 2000.

JUPITER RESEARCH (2001): European Digital Music Sales: Building a Global Product One Country at a Time, New York, Jupiter Media Metrix, 2001.

KATZ, Michael; SHAPIRO, Carl (1985): Network Externalities, Competition, and Compatibility, in: American Economic Review, Vol. 75 (3), July 1985, S. 424-440.

KATZ, Michael; SHAPIRO, Carl (1994): System Competition and Network Effects; in: Journal of Economic Perspectives, Vol. 8 (2), Frühjahr 1994, S. 93-115.

KING, Merle (1999): Three Perspectives on Digital Music Distribution, URL: http://science.kennesaw.edu/csis/msis/stuwork/IS8070mp3final.htm, [Stand: 28.05.2001].

KING, Brad (2001a): While Napster was Sleeping; in: Wired News, 24. Juli 2001, URL: www.wired.com/news/mp3/0,1285,45480,00.html, [Stand: 26.08.2001].

KING, Brad (2001b): Napster Eclipsed by Newcomers; in: Wired News, 6. September 2001, URL: www.wired.com/news/mp3/0,1294,46596,00.html, [Stand: 09.09.2001].

KLEMPERER, P. (1990): How Broad Should the Scope of Patent Protection Be?, RAND Journal of Economics, Vol. 21, 1990, S. 113-130.

KRETSCHMER, Martin; KLIMIS, Georg M.; WALLIS, Roger (2000): The global music industry in the digital environment: a study of strategic intent and polictical response (1996-99), URL: http://www.mica.at/pdf/kretschmer_c.pdf, [Stand 07.07.2001].

KUHLEN, Rainer (1995): Informationsmarkt: Chancen und Risiken der Kommerzialisierung von Wissen, Konstanz: UVK, 1995.

KULLE, Jürgen (1998): Ökonomie der Musikindustrie : eine Analyse der körperlichen und unkörperlichen Musikverwertung mit Hilfe von Tonträgern und Netzen; in: Hohenheimer volkswirtschaftliche Schriften, Nr. 32, Frankfurt a.M. (u.a.) : 1998.

KULZER, Rudi (2001a): Microsoft steuert weiter auf aggressivem Kurs; in Handelsblatt, Nr. 123, 29. Juni 2001, S. 21.

KULZER, Rudi (2001b): Allianz der Hollywood-Studios - Filme aus dem Internet; in: Handelsblatt, Nr. 159, 20. August 2001, S. 11.

LANDES, William M.; POSNER, Richard A. (1989): An Economic Analysis of Copyright Law, in: Journal of Legal Studies, Vol. 18, 1989, S. 325-363.

LARSEN, Kay (2002): Napster may have Reformed, but Web Music Piracy Thrives. In: The Wall Street Journal, 12.Juni 2002.

LEONARD, David (2001): The music men are out of tune, in: Fortune, Vol. 143 (12), 11. Juni 2001, S. 144-148.

LERNER, J. (1995): Patenting in the Shadow of Competitors; in: Journal of Law and Economics, Vol. 28, S. 463-495.

LEWIS, Peter (2002): Pay to Play, in: Fortune, Vol. 145, 7. Januar 2002, S. 115-117.

LIEBOWITZ, Stanley J. (1981): The Impact of Reprography on the Copyright System; in: Copyright Revision Studies, Research and International Affairs, Bureau of Corporate Affairs, Ottawa, Ontario, 1981.

LIEBOWITZ, Stanley J. (1985): Copying and Indirect Appropriability: Photocopying of Journals, in: Journal of Political Economy, Vol. 94, 1985, S. 822-841.

LIEBOWITZ, Stanley J.; SINGER, Lori (2001): Piracy, Napster, and Fair Use in the Networked Age, working paper, URL:
www.utdallas.edu/~liebowit/intprop/copyright.htm [Stand: 19.07.01].

LIEBOWITZ, Stanley J.; MARGOLIS, Stephen E. (1994): Network Externality: An Uncommon Tragedy; in: Journal of Economic Perspectives, Vol. 8 (2), Frühling 1994, S. 133-150.

MAHAJAN, Vijay; MULLER, Eitan; BASS, Frank M. (1990): New Product Diffusion Models in Marketing: A Review and Directions for Research, in: Journal of Marketing, Vol. 54, Januar 1990, S. 1-26.

MANN, Charles C. (2001): Pumping up the Volume; in: Forbes, 2. April 2001, S. 34-39.

MEIER, Lutz; CLARK, Thomas (2001): Napster kommt wohl erst im Spätherbst wieder; in: Financial Times Deutschland, 29. August 2001, URL: www.ftd.de/tm/it/FTDCON3LYQC.html?nv=wn, [Stand: 29.08.01].

MOE, Wendy W.; FADER, Peter S. (2001): Modeling Hedonic Portfolio Products: A Joint Segmentation Analysis of Music CD Sales; in: Journal of Marketing Research, Vol. 28 (3), 2001, S. 376-385.

MOE, Wendy W; MONTGOMERY, Alan L. (2000): Should Record Companies Pay for Radio Airplay? Investigating the Relationship Between Album Sales and Radio Airplay, Juni 2000, URL:
www.bus.utexas.edu/faculty/Wendy.Moe/varma2.pdf

MOGLEN, Eben (2001): Pennies from Heaven, URL:
http://moglen.law.columbia.edu/publications/napster-nation.pdf, [Stand 07.07.2001].

MITCHENER, Brandon (2001): EU Targets Online-Music Ventures; in: Wall Street Journal Europe, 12. Juni 2001, S. 2.

MULLANEY, Timothy J. (2002): Napster They're Not, in: Business Week, Issue: 3770, 18. Februar 2002, S. EB 6.

NASCIMENTO, Fernando; VANHONACKER, Wilfried R. (1988): Optimal Strategic Pricing of Reproducible Consumer Goods, in: Management Science, Vol. 34 (8), August 1988, S. 921-937

NATIONAL RESEARCH COUNCIL, Computer Science and Telecommunication Board (2000): The Digital Dilemma – Intellectual Property in the Information Age, Washington D.C.: National Academy Press, 2000.

NOVOS, Ian E.; WALDMAN, M. (1984): The Effects of Increased Copyright Protection: An Analytical Approach; in: Journal of Political Economy, Vol. 92, 1984, S. 236-246.

ORDOVER, Janusz A.; WILLIG, Robert D. (1978): On the Optimal Provision of Journals qua Sometimes Shared Goods, in: American Economic Review, Vol. 68 (3), June 1978, S. 324-338.

PADBERG, Jürgen (2002): Musikmarkt: Schwaches Hüsteln; in: Wirtschaftswoche, Nr. 012, 14. März 2002, S. 106.

PHILIPS, Chuck (2001): Record Labels Chorus: High Risk, Low Margin, in: Los Angeles Times, 31. Mai 2001, URL: www.ifpi.org/press/inthemedia04.html [Stand: 08.08.2001].

PLATT, Charles (2001): The Future will be fast but not free, in: Wired Magazine, May 2001, S. 119-127.

PORTER, Michael E. (2001): Strategy and the Internet; in: Harvard Business Review, März 2001, S. 62 – 78.

PRIEST, W. Curtiss (1994): The Character of Information: Characteristics and Properties of Information Related to Issues Concerning Intellectual Property, October 1994, URL: www.eff.org/pub/Groups/CITS/Reports/cits_nii_framework_ota.report, [Stand: 07.07.2001].

RANGE, Steffen; KROKER, Michael (2001): Musikmarkt: Brennende Probleme; in : Wirtschaftswoche, Ausg. 33, 9. August 2001, S. 42-45.

RIEGER, Susanne (2000): MP3-Erfinder erhalten Zukunftspreis; in: ZDNet News, 21. Oktober 2000, URL: http://news.zdnet.de/story/0,,s2053917,00.html, [Stand: 13.09.2001].

ROGERS, Everett M. (1983): Diffusion of Innovation, 3. Auflage, New York, The Free Press, 1983.

ROSEN, Sherwin (1981): The Economics of Superstars; in: American Economic Review, Vol. 71 (5), 1981, S. 845-858.

SCHERER, Frederic. M.; ROSS, David (1990): Industrial Market Structure and Economic Performance, 3. Auflage, Boston, Mass. (u.a.) 1990.

SHAPIRO, Carl; VARIAN, Hal R. (1999): Information Rules, A Strategic Guide to the Network Economy, 1. Auflage, Boston, Mass., 1999.

SHEPHERD, William G. (1997): The Economics of Industrial Organization – Analysis. Markets, Policies, 4. Auflage, Upper Saddle River. New Jersey, 1997.

SHIRKY, Clay (2001): Where Napster is taking the Publishing World, in: Harvard Business Review, Februar 2001, S. 143-148.

SHY, Oz; THISSE, Jacques F. (1999): A Strategic Approach to Software Protection, in: Journal of Economics and Management Strategy, Vol. 8 (2), Sommer 1999, S. 163-190.

SILVA, F.; RAMELLO, G. (2000): Sound Recording Market: The ambigious Case of Copyright and Piracy, in: Industrial and Corporate Change, Vol. 9 (3), 2000, S. 415-442.

SIMON, Herbert A. (1971): Designing Organizations for an Information-Rich World; in: Computers, Communications, and the Public Interest. Herausgeber: M Greenberger, Baltimore, MD: Johns Hopkins University Press.

SLIVE, J.; BERNHARDT, D. (1998): Pirated for Profit, in: Canadian Journal of Economics, Vol. 31 (4), 1998, S. 886-899.

STAMM, K. Brad (2000): Music Industry Economics: A Global Demand Model for Pre-Recorded Music, in: Mellen Studies in Economics, Vol. 5, 2000.

STEAD, Richard; CURWEN, Peter; LAWLER, Kevin (1996): Industrial Economics, Theory, Applications and Policy, London (u.a.) 1996.

STIGLER, George, J.; BECKER, Gary, S. (1977): De Gustibus Non Est Disputandum, in: American Economic Review, Vol. 67 (2), März 1977, S. 76-90.

SWAN, P. (1972): Optimum Durability, Second-hand Markets and Planned Obsolescence, in: Journal of Political Economy, Vol. 80 (3), 1972, S. 575-585.

TAKEYAMA, Lisa N. (1994): The Welfare Implications of Unauthorized Reproduction of Intellectual Property in the Presence of Demand Network Externalities, in: Journal of Industrial Economics, Vol. 17, June 1994, S. 155-166.

TAKEYAMA, Lisa N. (1997): The Intertemporal Consequences of Unauthorized Reproduction of Intellectual Property, in: Journal of Law and Economics, Vol. 40, 1997, S. 511-522.

TRISTRAM, Claire (2001): The end of free music?, in Technology Review, Vol. 104 (3), Cambridge, April 20001, S. 29-30.

TSCHMUCK, Peter (2000): Internetökonomie und Musikwirtschaft, in: Micafocus, August 2000, URL: www.mica.at/micazine/ [Stand: 14.05.01].

TZE, Chua Li; PODDAR, Sougata (2000): Network Externality and Software Piracy, URL: http://www.fas.nus.edu.sg/ecs/pub/soug3.pdf, [Stand: 20.09.2001].

USIC: United States Internet Council (2001): State of the Internet Report 2000; URL: www.usic.org, [Stand: 04.09.2001].

VARIAN, Hal R. (1997): Versioning Information Goods; URL: http://ksgwww.harvard.edu/iip/econ/varian.html [Stand 26.08.2001].

VARIAN, Hal R. (1998): Markets for Information Goods; April 1998, URL: http://www.sims.berkeley.edu/~hal/Papers/japan/index.html , [Stand 07.09.2001].

VARIAN, Hal R. (2000): Buying, Sharing and Renting Information Goods; in: Journal of Industrial Economics, Vol. 48, December 2000, S. 473-488.

VOGEL, Harold L. (1998): Entertainment Industry Economics, A guide for financial analysis, Cambridge: Cambridge University Press, 3. Auflage, 1994.

WATT, Richard (2000): Copyright and Economic Theory – Friends or Foes?, Northhampton, 1. Auflage, Northhampton, Mass. 2000.

WEINTRAUB, Arlene; GROVER, Ronald (2001): Vivendi Faces the Music on the Web; in: Business Week, Nr. 3735, 4. Juni 2001, S. 43.

WEY, Christian (1999): Marktorganisation durch Standardisierung : ein Beitrag zur neuen Institutionenökonomik des Marktes, Hrsg.:Wissenschaftszentrum Berlin für Sozialforschung, Abteilung: Wettbewerbsfähigkeit und Industrieller Wandel, Edition Sigma, Berlin, 1999.

ZERDICK, Axel; PICOT, Arnold; SCHRAPE, Klaus; ARTOPÈ, Alexander; GOLDHAMMER,Klaus; LANGE, Ulrich T.; VIERKANT, Eckart; LÒPEZ-ESCOBAR, Esteban; SILVERSTONE,Roger (1999): Die Internet-Ökonomie - Strategien für die digitale Wirtschaft, Berlin, 1999.

ZOROVIC, Sasa; POWERS, John F. (2000): The Online Music Report, a web-wide sing-along, 17. März 2000,
URL: www.robertsonstephens.com/research/,[Stand: 09.07.2001].

Dieser Titel wurde uns vermittelt durch die
archo.student-online GmbH
www.student-online.net
info@student-online.net

www.ingramcontent.com/pod-product-compliance
Lightning Source LLC
Chambersburg PA
CBHW051813230426
43672CB00012B/2717